"普惠性、基础性、兜底性民生"建设研究

谢玉华　谢华青　梁盛◎著

图书在版编目（CIP）数据

"普惠性、基础性、兜底性民生"建设研究/谢玉华，谢华青，梁盛著.—北京：经济管理出版社，2020.11
ISBN 978-7-5096-7646-2

Ⅰ.①普… Ⅱ.①谢…②谢…③梁… Ⅲ.①社会保障—研究—中国 Ⅳ.①D632.1

中国版本图书馆 CIP 数据核字（2020）第 236958 号

组稿编辑：张莉琼
责任编辑：丁慧敏　张莉琼
责任印制：黄章平
责任校对：张晓燕

出版发行：经济管理出版社
　　　　　（北京市海淀区北蜂窝 8 号中雅大厦 A 座 11 层　100038）
网　　址：www.E-mp.com.cn
电　　话：（010）51915602
印　　刷：唐山昊达印刷有限公司
经　　销：新华书店
开　　本：720mm×1000mm /16
印　　张：11.5
字　　数：201 千字
版　　次：2020 年 12 月第 1 版　2020 年 12 月第 1 次印刷
书　　号：ISBN 978-7-5096-7646-2
定　　价：68.00 元

·版权所有　翻印必究·

凡购本社图书，如有印装错误，由本社读者服务部负责调换。
联系地址：北京阜外月坛北小街 2 号
电话：（010）68022974　邮编：100836

目 录

第一章 绪 论 ··· 001

  第一节 选题背景 ··· 001

    一、"民生"提出的背景 ·· 001

    二、"普惠性、基础性、兜底性民生"提出的背景 ················· 002

  第二节 文献综述 ··· 005

    一、民生内涵外延研究综述 ·· 005

    二、民生现状对策研究综述 ·· 010

  第三节 研究意义 ··· 015

    一、理论意义 ·· 015

    二、实际意义 ·· 018

第二章 理论基础 ··· 019

  第一节 社会福利理论 ·· 019

    一、理论渊源 ·· 019

    二、社会福利思想的主要内容 ··· 024

  第二节 马克思主义的民生思想 ·· 025

    一、马克思恩格斯民生思想的形成阶段 ···························· 025

    二、马克思恩格斯民生思想的内容 ·································· 026

    三、列宁的民生思想 ·· 027

    四、马克思主义民生思想的当代价值 ······························· 028

  第三节 中国民生思想与实践 ··· 029

    一、传统的民生思想与实践 ··· 029

二、中国共产党的民生思想与实践 ……………………………………… 032

第三章 "普惠性、基础性、兜底性民生"的本质特征 …………………… 040

第一节 "普惠性、基础性、兜底性民生"的内涵及外延 …………………… 040
　　一、"普惠性、基础性、兜底性民生"的内涵 ……………………………… 040
　　二、"普惠性、基础性、兜底性民生"的外延 ……………………………… 050

第二节 "普惠性、基础性、兜底性民生"的本质与特征 …………………… 053
　　一、"普惠性、基础性、兜底性民生"的本质 ……………………………… 053
　　二、"普惠性、基础性、兜底性民生"的特征 ……………………………… 055

第四章 "普惠性、基础性、兜底性民生"现状分析 …………………… 058

第一节 民生整体现状研究 ……………………………………………………… 058
　　一、民生投入分析 ……………………………………………………………… 058
　　二、民生现状比较分析 ………………………………………………………… 063

第二节 "七有"民生现状分析 ………………………………………………… 081
　　一、幼有所育 …………………………………………………………………… 081
　　二、学有所教 …………………………………………………………………… 083
　　三、劳有所得 …………………………………………………………………… 088
　　四、病有所医 …………………………………………………………………… 093
　　五、老有所养 …………………………………………………………………… 097
　　六、住有所居 …………………………………………………………………… 099
　　七、弱有所扶 …………………………………………………………………… 101

第五章 "普惠性、基础性、兜底性民生""短板"分析 ………………… 107

第一节 "七有"民生建设"短板"分析 ……………………………………… 107
　　一、"幼有所育"方面的"短板" …………………………………………… 107
　　二、"学有所教"方面的"短板" …………………………………………… 111
　　三、"劳有所得"方面的"短板" …………………………………………… 115
　　四、"病有所医"方面的"短板" …………………………………………… 118
　　五、"老有所养"方面的"短板" …………………………………………… 119

  六、"住有所居"方面的"短板" ………………………………… 124

  七、"弱有所扶"方面的"短板" ………………………………… 125

 第二节 "普惠性、基础性、兜底性民生"建设面临的任务 …… 127

  一、民生"短板"需要补足 ……………………………………… 127

  二、民生发展不平衡问题亟须改善 ……………………………… 128

  三、减贫任重道远 ………………………………………………… 129

第六章 民众的民生期望分析 ……………………………………………… 131

 第一节 基于调查的民众民生期望分析 ………………………………… 131

  一、调查简介及被调查者信息 …………………………………… 131

  二、调查结果分析 ………………………………………………… 134

 第二节 基于爬虫的民众民生期望分析 ………………………………… 139

  一、研究方法及数据收集 ………………………………………… 139

  二、数据分析 ……………………………………………………… 144

  三、调查数据及爬虫分析总结 …………………………………… 148

第七章 社会福利制度对"普惠性、基础性、兜底性民生"建设的
借鉴 ………………………………………………………………… 149

 第一节 社会福利模式比较 ………………………………………………… 149

  一、社会福利模式 ………………………………………………… 149

  二、社会福利发展趋势 …………………………………………… 154

 第二节 社会福利制度对我国"普惠性、基础性、兜底性民生"的
借鉴 ………………………………………………………………… 162

  一、建立"普惠性、基础性、兜底性民生" ………………… 162

  二、积极的人力资本政策 ………………………………………… 164

  三、吸纳多元主体参与 …………………………………………… 165

  四、关注民生社会心理 …………………………………………… 166

第八章 "普惠性、基础性、兜底性民生"建设策略 ……………………… 168

 第一节 "普惠性、基础性、兜底性民生"建设阶段 ……………… 168

第二节 "普惠性、基础性、兜底性民生"建设策略 …………… 169
  一、加大民生投入 ………………………………………………… 169
  二、优化民生内容 ………………………………………………… 171
  三、均衡民生供给 ………………………………………………… 174
  四、创新民生建设 ………………………………………………… 175

后记 ……………………………………………………………………… 177

第一章　绪　论

第一节　选题背景

一、"民生"提出的背景

"民生"是一个高频率词,在媒体、党和政府文献中经常出现,也成为人们广泛关注的热点。"民生"一词首先写入中国共产党报告是在党的十六大报告中提出的"就业是民生之本"。党的十六大确立全面建设小康社会的建设目标:在优化结构和提高效益的基础上,国内生产总值到2020年力争比2000年翻两番,综合国力和国际竞争力明显增强。基本实现工业化,建成完善的社会主义市场经济体制和更具活力、更加开放的经济体系。城镇人口的比重较大幅度提高,工农差别、城乡差别和地区差别扩大的趋势逐步扭转。社会保障体系比较健全,社会就业比较充分,家庭财产普遍增加,人民过上更加富足的生活。2004年党的十六届四中全会上正式提出开展"社会主义社会建设",将之与经济、政治、文化等并列,号召建设社会主义和谐社会,并提出相应的民生政策,如在收入分配方面,党的十六大开始提"初次分配注重效率、再次分配注重公平"。党的十七大提出"加快推进以改善民生为重点的社会建设","社会建设与人民幸福安康息息相关。必须在经济发展的基础上,更加注重社会建设,着力保障和改善民生,推进社会体制改革,扩大公共服务,完善社会管理,促进社会公平正义,努力使全体人民学有所教、劳有所得、病有所医、老有所养、住有所居,推动建设和谐社会。"党的十八大报告提出"全面建成小康社会和全面深化改革开放的目标",包括"人民民主不断扩大"和"人民生活水平全面提高"。党的十八届三中全会《中共中央关于全面深化改革若干重大问题的决定》提出全面深化改革的指导思想之一是,"紧紧围绕更好保障和改善民生、促进社会公平正义深化社会体制改革,改革收入分配制度,促进共同富裕,推进社会领域制度创新,推进基本公共服务均等化,加快形成科学有效的社会治理体制,确保社会既充满活力又和谐有序"。党的十九大报告指出:"坚持在发展中保障和改善民生,增进民生福祉是发展的根本目的。"

可见,"民生"一直是我国政府关注的重点之一。民生思想的发展是一个逐步演化、不断丰富的历史过程。民生思想是伴随人类对自身认识的不断深化与完善而发展起来的[①]。研究和梳理民生思想的发展,分析中外各国各个时期所倡导的民生思想及民生发展轨迹,将为民生工作的开展提供有益的指导与理论支撑。

二、"普惠性、基础性、兜底性民生"提出的背景

2016年1月,习近平在重庆考察期间强调,"在整个发展过程中,都要注重民生、保障民生、改善民生,让改革发展成果更多更公平惠及广大人民群众,使人民群众在共建共享中有更多获得感。特别是要从解决群众最关心最直接最现实的利益问题入手,做好'普惠性、基础性、兜底性民生'建设,全面提高公共服务共建能力和共享水平,满足老百姓多样化的民生需求,织就密实的民生保障网"[②]。这是"普惠性、基础性、兜底性民生"首次被提出。

(一)普惠性

2007年10月,在民政部提出构建适度普惠性社会福利的倡议下,我国由中央到地方共同推进了适度普惠性社会福利体系的建立,改变了已有的福利体系格局。北京、上海、广东、江苏、安徽、辽宁、山西、湖南、海南、陕西、青海、宁夏等东中西部十余个省(自治区、直辖市)均提出"率先构建普惠型社会福利制度"[③]。在全国各地积极以地方实践探索建立适度普惠型社会福利制

[①] 郑功成. 习近平民生思想:时代背景与理论特质[J]. 社会保障评论, 2018, 2(3): 3-21.
[②] 习近平. 在重庆调研时的讲话(2016年1月4日-6日)[N]. 人民日报, 2016-1-7.
[③] 王思斌. 我国适度普惠型社会福利制度的建构[J]. 北京大学学报(哲学社会科学版), 2009, 46(3): 58-65.

第一章 绪 论

度之际,学术界围绕构建中国特色适度普惠型社会福利制度进行了积极探讨,提出了许多有启发性的理论观点,譬如"适度普惠型社会福利模式""组合式普惠型社会福利模式""底线公平的社会福利""全民共享的发展型社会福利模式""公平、普惠、可持续社会福利模式"等,为实践提供了有益的理论启示。

普惠的涵义,顾名思义即普遍惠及,意味着福利的广覆盖和全民共享,思想来源主要是普遍主义福利理念。普遍主义的福利理念是一种平等地给予全体公民获得福利分配的成员资格。正如英国研究福利的学者蒂特姆斯所解释的:"采取普遍性原则的基本的历史原因是,……使接受社会供给的人不产生劣等自卑、贫困被救济、羞愧和污名的意识,不把这些人归因为已是或将会变成'公共的负担',而把物品和服务更有效地、更方便地提供给有关的全部人口。"[①] 保证这种资格能够实现的具体方式是建立一种覆盖全体社会成员、让所有人得到实惠的福利体制。然而这种普遍主义的观念与中国适度普惠型社会福利中的"普惠"仍差别巨大。"普惠"本身也是一种本土化的"普遍主义"。王思斌曾分析了这种中国式的"普遍主义":民政部门针对以往社会福利制度覆盖的有限性问题,提出建立普惠型的社会福利制度,只是将政府提供的原来仅惠及"三无"人员的福利,扩大到所有老年人、残疾人和失依儿童[②]。后来在党的十六届六中全会提出要建立覆盖城乡居民的社会保障制度之后,"普惠"变成了建立覆盖城乡的概念,意味着我国在福利体系建构中强调广覆盖,强调城乡分别建立。直到党的十八大之后,统筹城乡发展,福利体系的整合成为了主流。因此,从我国社会福利体系建构的理论和实践来看,理念上,我国把"普惠"作为一种道德主张来引领公众观念,是社会进步的标志;在实践中,这种观念上的"普惠"化身为更务实的社会福利工作,主要包含由政府和社会基于本国(或当地)的经济和社会状况,向全体国民(居民)提供的、涵盖其基本生活主要方面的社会福利。这种普惠福利主要涵盖了国民(或当地居民)基本生活的最主要方面,如失业保险、贫困救助、医疗保险、住房保障以及老人、残障、儿童服务等内容。当然,普惠可能还代表着中国的福利体系由选择性或是特质性社会福利变为社会角色性福利;"普惠"指我国社会福利制

[①] 潘屹. 普遍主义福利思想和福利模式的相互作用及演变——解析西方福利国家困境 [J]. 社会科学, 2011 (12): 79-89.

[②] 王思斌. 我国适度普惠型社会福利制度的建构 [J]. 北京大学学报(哲学社会科学版), 2009, 46 (3): 58-65.

度的"更加公平可持续"[1]。总体而言，我国的"普惠"虽来源于西方福利的"普遍主义"理念，但更多带有中国的特点，意味着愿景和现实的双重概念：在理想上，普惠福利是我国社会发展的愿景；在现实中，普惠福利意味着与原有福利体系比较下的福利对象、福利范围的进一步扩大[2]。

（二）兜底性

在民生领域，"兜底"指的是政府制定政策保障困难群众基本的生产生活需求。《中共中央、国务院关于打赢脱贫攻坚战的决定》中，明确规定对无法依靠产业扶持和就业帮助脱贫的家庭实行政策性保障兜底。

我国对贫困人口中完全或部分丧失劳动能力的人，实行最低生活保障制度兜底。最低生活保障是指国家对家庭人均收入低于当地政府公告的最低生活标准的人口给予一定现金资助，以保证该家庭成员基本生活所需的社会保障制度。最低生活保障线即贫困线。我国制定的《城市居民生活最低保障条例》于1999年10月1日在全国施行。该条例规定，对无生活来源、无劳动能力又无法定赡养人、扶养人或者抚养人的城市居民，批准其按照当地城市居民最低生活保障标准全额享受；对尚有一定收入的城市居民，批准其按照家庭人均收入低于当地城市居民最低生活保障标准的差额享受。2007年我国建立农村最低生活保障制度。农村最低生活保障对象是家庭年人均纯收入低于当地最低生活保障标准的农村居民，主要是因病残、年老体弱、丧失劳动能力以及生存条件恶劣等原因造成生活常年困难的农村居民；最低生活保障标准由县级以上地方人民政府按照能够维持当地农村居民全年基本生活所必需的吃饭、穿衣、用水、用电等费用确定。

随着经济社会的发展，我国的兜底性社会保障进一步发展。2011年中共中央、国务院印发的《中国农村扶贫开发纲要（2011-2020年）》提出，"到2020年，稳定实现扶贫对象不愁吃、不愁穿，保障其义务教育、基本医疗和住房。贫困地区农民人均纯收入增长幅度高于全国平均水平，基本公共服务主要领域指标接近全国平均水平，扭转发展差距扩大趋势。""两不愁三保障"成为我国扶贫工作的兜底标准。

---

[1] 李强. 通过社会建设推进国家认同 [J]. 中国党政干部论坛, 2014 (5): 7-9.
[2] 吴忠民. 普惠性公正与差异性公正的平衡发展逻辑 [J]. 中国社会科学, 2017 (9): 33-44.

第一章 绪 论

（三）基础性

为保障人民群众的基本生活和社会发展的基本需求，政府提供基本公共服务，包括义务教育、公共卫生和基本医疗、基本社会保障、公共就业服务等。2012年，我国根据《中华人民共和国国民经济和社会发展第十二个五年规划纲要》，专门制定了《国家基本公共服务体系"十二五"规划》，旨在保障基本民生需求的教育、就业、社会保障、医疗卫生、计划生育、住房保障、文化体育等领域的公共服务，并促进基本公共服务的均等化。

党的十七大报告提出"学有所教、劳有所得、病有所医、老有所养、住有所居"的"五有"民生建设目标。党的十九大在此基础上增加了"幼有所育、弱有所扶"，形成民生"七有"。这样构建了我国民生建设的基础性标准。习近平在中央农村工作会议上指出，要紧紧扭住基本公共服务和基本社会保障的制度建设，编织一张兜住困难群众基本生活的社会安全网。① 同时，我国民生建设要"尽力而为，量力而行"。

第二节 文献综述

一、民生内涵外延研究综述

（一）民生的内涵

学术界对民生内涵的界定，在回归民生传统意蕴基础之上又基于当代民生问题的实践，形成了以下观点。

1. 动态发展观

郑功成②认为："民生问题是一个动态的、持续发展的概念，因为人民的追

---

① 中共中央文献研究室. 十八大以来重要文献选编（上）[M]//北京：中央文献出版社，2014：681-682.
② 郑功成. 习近平民生思想：时代背景与理论特质[J]. 社会保障评论，2018，2（3）：3-21.

求一定是持续向上、持续向好的……在经历了一个满足人民低层次的温饱需求的阶段后，现阶段的民生问题已经不再是简单的衣食之忧，而是包括教育、就业、收入分配、社会保障、医疗卫生乃至公平正义、民主法制等，从而是全方位、高层次的民生问题。"而政府对民生的认识也经历了一个由关注民生—重视民生—保障民生—改善民生的基本演进过程。此观点基本上成为学术界界定民生观念、解决民生问题所遵循的一个基本原则①。

2. 阶段层次观

部分学者基于历史唯物主义的观点，认为民生是分阶段的，基本生活资料的获得以及基本生存需要的满足是第一阶段的民生；在此基础上，不断提高物质生活质量，丰富精神文化生活以及追求社会公平正义、和谐是第二阶段的民生。第一阶段的民生是第二阶段的民生的基础，第二阶段的民生是第一阶段的民生的进一步发展。如果仅仅为了满足物质生活需要而没有更高的追求，人类社会就会发展乏力。人类社会的发展是不断解决民生问题、不断改善民生的过程，也是由解决第一阶段的民生问题向解决第二阶段的民生问题转化的过程。因此在解决了基本温饱之后，中国民生问题依然存在，而且民生问题永无止境。当下的中国无疑已经处于了民生的第二阶段期②。有的学者则认为，民生除了物质层面的需求之外还需有精神层面的满足③。此种具有阶段层次论的界定显然具有动态性的特质，实际上属于动态发展观的进一步阶梯化。

3. 广义—狭义观

广义—狭义观对民生概念进行"二分法"，即广义和狭义的概括。吴忠民认为，广义上的民生概念指凡是同民生有关的，包括直接相关和间接相关的事情都属于民生范围内的事情，狭义上的民生概念主要是从社会层面上着眼的④。从这个角度看，民生主要是指民众的基本生存和生活状态，以及民众的基本发展机会、基本发展能力和基本权益保护的状况等。他还认为广义上的民生概念过于宏大，在具体的民生建设实践中难以把握，因此，现实中我们更倾向于使用狭义的民生概念。基于此种思路和理念，一些学者也对民生观念做出了相应的补充和调整。林祖华⑤认为，广义的民生不仅包括公民的生计与生活，还包

---

① 童星. 社会主要矛盾转化与民生建设发展 [J]. 社会保障评论, 2018, 2 (1): 3-12.
② 童星. 新时代民生概念辨析 [J]. 内蒙古社会科学（汉文版）, 2019, 40 (1): 19-23+2.
③ 邓伟志, 卜佳慧. 民生论 [J]. 上海大学学报（社会科学版）, 2008 (4): 5-15.
④ 吴忠民. 民生的基本涵义及特征 [J]. 中国党政干部论坛, 2008 (5): 33-35.
⑤ 林祖华. 论民生的内涵和特点 [J]. 理论与改革, 2012 (3): 14-16.

括公民的政治需求、文化需求和精神需求，包括公民的生命价值、健康价值和尊严价值等内容。此观点与吴忠民的民生概念不同之处在于其从基于民生需求价值的角度切入探讨，吴忠民则侧重于从权利的角度界定民生。

4. 整体有机观

有学者认为，民生不仅关涉人民生存、生活、生计，而且与人权、需求、责任密切关联。此观点提出的视角显然比"广义—狭义观"所提出的民生概念要宽阔一些。用"责任"关联民生，从人民这个主体角度转向从政府责任的角度理解民生概念。如赵中源[①]提出，和谐社会语境下的民生应该包含三个基本层面的含义：其一，民生是一个涉及社会和谐与发展的问题，其内容应包含民生供给的产出与社会财富的分配两个层面，应强调社会制度建设，尤其是社会分配制度、社会保障与社会福利、公共服务等方面的内容。其二，民生是一个发展的概念，随着时代的发展与进步，民生的内涵和改善民生的方式方法是不尽相同的。其三，当前我们强调的民生是立足于总体小康基础之上的。与全面建设小康社会要求相对应的更高水平的民生，其内涵的丰富性、立足点的高起点性、着眼点的前瞻性是不言而喻的，因此，民生不再局限于物质层面，而是上升为以物质层面为基础、以精神层面为支撑、以制度层面为保障的系统工程。此观点的精要在于，民生除了物质与精神的需求应该被满足之外，制度是可以使此种可能性转化现实的保障[②]。

综上所述，学术界对民生内涵的研究形成了如下的特点：第一，基本坚持了民生概念的动态性理解，各种类型的界定皆透露出民生内涵的多层级、多视角、多维度，杜绝了仅从如物质层面的某一层级单一、狭窄理解和诠释民生内涵。当然，此观点获得认可主要缘于民生问题的非静态性。第二，学术界对民生内涵的诠释，伴随着民生实践的深化而不断得以突破和逐渐系统化。也就是说，民生内涵的诠释已从宏大、抽象的生存、生活、生计转向从人权、需求、责任、制度等方面立体式的诠释，呈现出构建性的演进特征，这大大提升了民生领域的研究广度，拓展了民生研究的纵深度。

---

① 赵中源，梅园. 回顾与反思：理论界关于民生若干问题的研究 [J]. 当代世界与社会主义，2010（4）：101-104.

② 韩喜平，刘永梅. 中国现代民生福祉增进轨迹——基于民生制度与民生能力建设的视角 [J]. 社会科学文摘，2018（8）：23-25.

（二）民生的外延

关于民生外延的研究，主要有四种观点。

第一种观点来自《辞海》，即所谓"民众的生计、生活""平民的生计"，主要是指民众的日常生活内容，是一种对生活现象和内容的表达和描绘。我们把这种民生概念称之为"小民生说"或狭义的民生说。

第二种观点来自孙中山先生，他认为，"民生就是人民的生活——社会的生存、国民的生计、群众的生命"[①]。"社会的生存"指民族人种的生存保障问题，强调的是中华民族不能亡国灭种，国家社会安全也不能遭受威胁；"国民的生计"指国内民众生活日用的基本保障问题，人民应该富足安乐；"群众的生命"主要指个人生命的安全保障问题。孙中山的民生概念是政治范畴的概念，包含了谁来保障民生、保障什么民生和怎么保障民生的问题。因此，这种民生概念称之为"大民生说"，或者是广义的民生说，或者叫制度民生说。

第三种观点是人们通常谈论的民生问题，着眼点大都在利益分配领域，所谓的"四内容说""五内容说"或者"多内容说"，被称之为"民生内容说"或者"民生问题说"[②]。

第四种观点认为民生包括物质、非物质生活两方面，指民生内容应该包括物质生活和文化生活方面的内容，还有学者提出环境也是民生的重要内容[③]，但仍然表现为民生内容说或民生问题说的范畴，所不同的是按两个方面来划分，如环境问题，则是从更大的范围来理解民生的内容，民生的外延被扩展了，体现了社会进步和发展的内容。

比较这些观点，我们发现，第一，四个外延观点的相互关系。孙中山先生的民生外延涉及面最宽，包括了我们通常说的政治、经济、社会和文化等内容。《辞海》上的狭义民生，相当于孙中山先生民生概念中的"国民的生计"。"民生问题"的观点则包括孙中山先生民生概念中"国民的生计"和"群众的生命"。第四种观点带有了新的时代发展特点，突出了物质和文化方面的内容，特别是把政治和经济联系起来，强调了民主制度和权利在民生内涵中的重要地

---

① 孙中山. 三民主义 [M]. 北京：九州出版社, 2012：165.

② 李业杰. 关于民生概念内涵和外延的确认 [J]. 山东科技大学学报（社会科学版）, 2008 (2)：22-25.

③ 郑功成. 习近平民生重要论述中的两个关键概念——从"物质文化需要"到"美好生活需要" [J]. 人民论坛·学术前沿, 2018 (18)：64-74.

第一章 绪 论

位,在具体内容和民生机制上拓深了民生概念的内涵,同时也拓展了民生概念的外延①。第二,通过对民生概念的比较分析,我们看到了百年来中国社会的追求和进步。民生概念既是实践性的概念,又是历史性的概念,在不同的历史时期有不同的侧重点和内容。孙中山时代最急迫的问题是"社会的生存"。直到中华人民共和国成立,"社会的生存"解决,"国民的生计""群众的生命"受到关注,一直到 20 世纪 80 年代初期,即改革开放以来,社会的发展才实现了从注重巩固社会主义制度的政治建设,向注重社会主义经济建设和共同富裕的转变,从而民众生活问题受到了更高和更普遍的关注②。40 多年改革开放的进程,其实就是不断重视民众生活、改善民众生活的过程。邓小平多次指出,要把是否有利于提高人民生活水平作为判断是非得失的重要标准。改革开放中,我们要把广大人民群众的根本利益落实为共同享受改革开放的成果,促进人的全面发展的任务;通过促进发展,使中华人民共和国成长为世界大国,为人类和平和发展担当起更伟大的责任和任务。这两项任务,仍然是孙中山民生概念中第一、第二项内容的继续、发展和扩展。第三,在以共同富裕和社会和谐为导向的新时代,以孙中山先生的民生概念内容划分来看现在的民生问题,"社会的生存"变成了国家安全、提高综合国力和振兴中华;"国民的生计"变成了富裕和繁荣;"人民的生命"变成了健康医疗保障。但是,从具体社会实际来看,在我们国家的民生问题中,现在仍然既有基本生存需要方面的满足问题,又有全面提高生活质量的问题,如保障教育、就业、医疗、保健、生活舒适、休闲等;与此相关的,是社会全体人民群众之间利益分配和享用的均衡问题。这些需要在内容上涉及经济、政治和文化,涉及物质生活和精神生活,涉及人民的生存需要和发展需要,涉及人的一般发展需要和全面发展需要。这一切的实现,必须是建立在社会公平和正义基础之上的,说明政治民主问题也进入了民生的视野。"权为民所享"道明了政治生活特别是政治民主内涵也必须进入民生的视野了,人民群众已经也必须成为政治生活的主体。当今中国已经进入了共享发展成果和人的全面发展的新时代,这些成果包括政治、经济和文化的基本内容,人民群众既是经济生活和文化生活的主体,也是政治生活的主体(张鹏、李萍,2016)。由此,我们可以把民生概念的外延界定为:以人

---

① 韩喜平,刘永梅. 中国现代民生福祉增进轨迹——基于民生制度与民生能力建设的视角 [J]. 社会科学文摘,2018(8):23-25.

② 童星. 新时代民生概念辨析 [J]. 内蒙古社会科学(汉文版),2019,40(1):19-23+2.

为本，以人的全面发展为目标，以大力发展社会生产和创造更加丰富的社会物质财富和精神财富为基础，以政治民主和正义权利为保障，以全面发展、和谐发展的社会为载体，实现经济、政治和文化三大文明的协调发展与实现社会全体人民的共享。

二、民生现状对策研究综述

（一）民生现状研究

1. 民生建设状况与民生满意度分析

民生建设现状如何？学者开展了一些实证研究。实证研究分为两类：问卷调查和统计数据分析。

第一种基于问卷调查的研究。以国务院发展研究中心的"中国民生调查"课题组为典型代表。该调查组自 2016 年以来在全国进行大规模的电话调查和问卷调查，就民生关切点和满意度发布《中国民生调查综合研究报告》。根据其发布的《中国民生调查 2019 综合研究报告》，我国民生满意度总体呈现高位波动特征。近 3 年来城乡居民民生满意度总体保持较高水平，2018 年受访者对目前生活状况的满意度、对过去一年生活状况改善的满意度以及对未来的信心等指标均呈现高位波动的特征。从主要民生领域满意度变化情况来看，随着民生工作的推进，城乡居民对各主要民生领域的满意度总体较好。动态来看，不同领域民生满意度出现一定分化。从重点人群满意度变化情况来看，农村居民满意度在大多数领域低于城镇居民，城乡居民满意度差距有拉大的趋势，农民对收入的满意度相对较低。流动人口满意度下滑速度较快，外省份农民工对所在地教育的满意度偏低。30~39 岁居民整体压力较大，对居住地教育等领域满意度较低，中年群体对医疗问题满意度较低[1]。一些省市的民生研究也进行了相应的问卷调查，上海民生问题调查报告，从关注率和关注强度两个维度，考察居民对 10 大类、51 项具体民生问题的关注程度，分别筛选出关注率和关注强度最高的前十大民生问题，并分析了三年中这些问题的变动趋势和 2012 年

---

[1] 国务院发展研究中心"中国民生调查"课题组，张军扩，叶兴庆，葛延风，金三林，朱贤强．中国民生满意度继续保持在较高水平——中国民生调查 2019 综合研究报告 [J]．管理世界，2019，35 (10)：1-10．

的新特点①。

第二种基于统计数据的分析。大多数民生现状研究基于国家公办的统计年鉴及各种行业数据。以北京师范大学"中国民生发展研究课题组"为典型代表。该课题组自2011年以来,每年发布"中国民生发展指数报告"。报告基于公开出版的年鉴或者相关部门公布的权威指标数据,主要有年度各省会城市、副省级城市、计划单列市、地级市国民经济和社会发展统计公报,分析中国民生发展情况,进行地区比较。根据其发布的"2017中国民生发展指数报告"结果来看,我国民生发展一线城市数量增加;36个城市民生发展总体水平大幅提升;260个地级市民生发展第一次打破"东高西低"的"魔咒";地级市民生发展区域更趋合理;在二级民生指标的测度中,西部地区地级市表现出了较强的潜力②。该课题组报告(2019)指出,100强中西部地区的城市数量已经超越了中部地区,这表明西部正在加快经济社会发展转型,而"中部塌陷"的局面尚未得到明显改观。中国统计学会同样运用统计数据的分析表明,2012年我国东、中、西部及东北地区发展与民生指数分别为71.57%、60.35%、58.22%和62.04%,地区差异明显③。此外,还有北京、江苏、山东等省市的民生指标分析,对区域内民生发展状况进行了剖析。

2. 民生投入分析

中华人民共和国成立70多年来,政府持续保障和改善民生,我国建立起世界最大教育体系、住房保障体系、社会保障安全网、基本医疗保障网。和谐社会建设以来民生建设更是得到飞速发展。不论是财政收入增速回落时期还是趋于平稳时期,民生支出一直保持增长,政府对民生的保障力度不断加大。例如,2016年我国教育支出、社会保障和就业支出、医疗卫生与计划生育支出、城乡社区支出分别增长6.8%、13.3%、10%、17.1%,均高于一般公共预算支出6.4%的增速。从各地看,31个省(市、自治区)民生投入占财政支出比重普遍超过60%,其中17个省(市、自治区)超过75%④。但经济下行,民生

---

① 陈群民,吴也白.2012年上海民生问题调查报告[J].上海经济研究,2013,25(5):121-133.

② 2017中国民生发展指数报告[A].北京师范大学政府管理学院、北京师范大学政府管理研究院.2017中国民生发展报告——发展为民生之本[C].北京师范大学政府管理研究院,2018:58.

③ 中国统计学会,国家统计局统计科学研究所.2012年地区发展与民生指数(DLI)统计监测结果[N].中国信息报,2014-01-01(001).

④ 钟春平,刘诚.在补民生短板过程中形成经济发展新动能[J].经济纵横,2018(3):25-30.

投入的压力增大。

3. 民生建设内容发展研究

民生发展思路要从需求层次理性看待①。党的十九大报告在遵循党的十七大报告关于民生建设目标"五有"提法的基础上又增加了"幼有所育"和"弱有所扶"两个目标,将"五有"拓展到了"七有",这进一步表明民生建设在内容上被不断拓展和深化。民生建设必须随着时代变革而不断创新。同时针对老龄人口增多和全面两孩时代的到来,为配合解决好"一老一小"问题,各级政府2020年加快建设养老服务体系,支持社会力量发展普惠托育服务,推动旅游业高质量发展,推进体育健身产业市场化发展。此外,生态建设由经济社会发展的内容转变为民生建设的重要内容②。

(二)民生对策研究

1. 改善民生的整体思路研究

学者基于中国的民生思想、现状,关注顶层设计下的民生对策研究。莫申容③在阐释"以人民为中心"的内涵基础上,提出了践行以人民为中心的发展思想,努力保障和改善民生的对策建议,提出我国必须坚持公平正义的价值取向、坚持尽力而为、量力而行、坚持人人尽责、人人享有、坚持坚守底线、突出重点、完善制度、引导预期的工作思路。刘镭④针对由于市场与公益的冲突弱化民生政治建设的社会认同、民生供给失衡诱发人民群众的相对剥夺感、民生供给错配降低人民获得感等多种因素并存,导致人民群众低度获得感的难题,提出了坚持共建、共治、共享的破解关键。刘敏⑤基于大规模人口流动的新时代中国基本国情,构筑"制度—市场—社会""三位一体"的公共服务流动框架机制,为解决人口流动新形势下社会民生问题提供有效途径。

2. 民生具体对策研究

在具体民生领域,学者总结了一些创新做法,如推进公共服务治理。公共服务治理不仅涉及城市社区公共服务创新,也涉及农村社区治理⑥。

---

① 景天魁. 探索适合中国的民生建设新路 [J]. 学习与探索,2019(8):38-48.
② 胡建兰. 十八大前后民生建设理论之比较研究 [J]. 求实,2017(2):34-41.
③ 莫申容. 习近平民生思想指导下的新时代民生建设路径 [J]. 学理论,2019(7):9-11.
④ 刘镭. 论新时代中国民生政治实践——以共建共治共享为视角 [J]. 社会主义研究,2019(6):58-64.
⑤ 刘敏. 人口流动新形势下的公共服务问题识别与对策研究[J]. 宏观经济研究,2019(5):42-50.
⑥ 崔云朋,乔瑞金. 农村社区治理主体的实践困境与制度突破[J]. 社会治理,2017(6):81-87.

第一章 绪 论

关于就业问题，中国的收入分配制度在经济发展和转型过程中发生了巨大变化，市场的影响力不断增大；许多非市场的影响因素也在发挥着不可忽视的作用。就业歧视是影响中国就业公平性的重要问题①，中国即将发生剧烈的社会变革，在此过程中就业和收入的不平等现象会更加突出，就业机会和质量都会受到教育背景、户籍、性别的影响，这中间还可能会涉及歧视。有的学者提出注重产业支撑，提高就业保障能力；有的提出以创业为新的就业增长极，打造创业型社会，政府继续实施积极的就业政策，并对高校毕业生、农村转移劳动力、城镇困难人员、退役军人等重点群体的就业工作、职业技能培训等提供帮助，完善就业服务体系，构建和谐劳资关系②。

就医疗卫生问题来说，随着医保政策的实施，看病难问题有了很大的改善，政府还应进一步深化医疗体制改革，理顺医疗、医保、医药间的关系。努力保障民众食品药品安全，继续贯彻落实国家食药安全监管法律法规，加大打击食药品制假售假力度。中国政府加大了对医疗保障领域的资金投入，这一举措扩大了医疗保险的覆盖面、促进了公共医疗卫生服务的均等化发展③。

在教育方面，学者主要是针对教育资源、师资建设与培训展开。一方面，强调教育投入，主张加大投入力度，尤其加大对农村教育的投入，推动教育事业发展，并加强农村师资建设及培训④。另一方面，强调教育均衡发展⑤，大力推进优质教育均衡发展，全面实施优质教育，合理配置教育资源，重点向农村、边远、贫困、民族地区倾斜，提高家庭经济困难学生资助水平，推动农民工子女平等接受教育。

在养老方面，中国老龄化问题凸显，养老保障体系建设和养老产业发展成为关注点。中国的养老保障制度体系已建立并不断完善，但内容体系存在缺失、结构体系碎片化严重、层次体系主体责权关系不均衡。中国养老保障制度应通过建立一些应对养老需求的新的制度项目以完善其内容体系，通过制度整合完善其结构体系，通过责权关系的均衡完善其层次体系，进而建立起更加公

---

① 沈大伟. 我不认为中国会崩溃 [J]. 党政论坛（干部文摘），2016（5）：8-9.
② 胡鞍钢，谢宜泽，任皓. 高质量发展：历史、逻辑与战略布局 [J]. 行政管理改革，2019（1）：19-27.
③ 黄严忠. 中国公共健康状况令人担忧 [J]. 世界知识，2012（6）：6.
④ 张彩霞，马跃. 从河北农村民生调查现状看未来农村发展对策 [J]. 河北企业，2018（10）：47-49.
⑤ 张侃. 效率与公平的博弈：我国义务教育政策变迁 70 年 [J]. 教育与教学研究，2020，34（6）：25-38.

平可持续的养老保障制度体系①。为应对老龄化，还可以构建"多层次混合型"养老保障体系，大力发展多元化养老产业，使社会资源更多地向养老产业倾斜，应鼓励商业养老保险、医养结合、社区养老模式和物联网养老模式等多元化养老产业大力发展②。

在住房方面，针对我国现在的住房保障体制发展存在不均衡、不充分的问题，学者提出要强化精准施策和精准保障，提高住房保障供需匹配度；改革绩效考核方式，既要考核建设指标完成情况，更要关注后续的管理服务质量；丰富住房保障供给主体和形式，提升社会力量参与度的对策，来破解住房保障制度现在的困境③。保障房建设品质需要提升，政府负有监管责任④等。

3. 民生的多元主体参与研究

理论上基本公共服务供给侧结构性改革强调，推进基本公共服务由一元主体供给向多元主体合作供给转变，是供给侧改革的基本方面。合作供给的理想状态是各主体在达成共识基础上各司其职，协同行动⑤。实际运行中，各级政府部门激活市场资源，多措并举补短板。民生支持的主体从一元主体（政府）向多元主体转变（政府、市场和社会组织）。通过设立 PPP（政府和社会资本合作）项目库、购买公共服务等方式，各级政府部门鼓励社会投资进入社会建设领域，加快补齐公共服务供给短板。2013~2016 年，国务院及财政部、发改委等部门累计出台 70 余项政策法规⑥。截至 2018 年末，全国 PPP 综合信息平台项目管理库累计落地项目 4691 个、投资额 7.2 万亿元，落地率 54.2%。同时地方也有一些典型创新做法，例如，厦门市翔安区探索"政府+市场+农户"农村集体发展用地开发模式，政企联动促进公益性就业。尽管多元主体能有效促进民生建设，但是现实运作中存在的主体力量失衡、合作意识淡薄、制度不健全、机制不完善等侵蚀了合作供给模式的效力。比如政府主体、企业主体和

---

① 丁建定. 中国养老保障制度整合与体系完善 [J]. 中国行政管理，2014 (7)：6-11.
② 郑秉文. 改革开放 40 年：商业保险对我国多层次养老保障体系的贡献与展望 [J]. 保险研究，2018 (12)：101-109.
③ 黄燕芬，唐将伟，张超. 住房保障发展不平衡不充分：表现、成因与对策 [J]. 国家行政学院学报，2018 (6)：108-112+190.
④ 魏宗财，甄峰，秦萧. 广州市保障房住区居住环境品质及其制度影响因素研究 [J]. 地理科学，2019 (3)：1-8.
⑤ 苗红培. 多元主体合作供给：基本公共服务供给侧改革的路径 [J]. 山东大学学报（哲学社会科学版），2019 (4)：31-39.
⑥ 喻文光. PPP 规制中的立法问题研究——基于法政策学的视角 [J]. 当代法学，2016，30 (2)：77-91.

第一章 绪 论

农民工主体的多元主体互促协调才能促进我国农民工养老保险问题的解决①。但实际运行中有俱多阻力。

第三节 研究意义

一、理论意义

（一）对已有成果的评价

学术界对"民生"的研究很多，但对"普惠性、基础性、兜底性民生"的研究几乎没有；对"民生"的阐释性研究多，应用性研究少。

1. 从量的角度分析，民生研究不够

近几年"民生"成为学术研究的热点问题。以"民生"作为篇名在知网上"期刊"文献进行搜索，截至2020年7月31日，得到38093条结果，去掉"民生银行"为篇名的720篇，共有37373篇以"民生"为篇名的期刊文章。就发表时间来看，民生研究从2002年开始逐年增长，2007年之后增长迅速，2011~2014年是高峰期，2012年达到顶峰，直到今天仍旧是研究的热点高位，每年有超过4000篇的文章（见图1.1）。民生研究的热度与政策走势基本相同。

然而，在知网上搜索以"民生"为篇名的核心期刊（含核心、CSSCI和CSSCD）的文章，共有5279篇，除去以"民生银行"为篇名的65篇，只有5214篇，其中CSSCI期刊文章只有2616篇。

以"普惠性、基础性、兜底性民生"为篇名或主题搜索，期刊文献没有一篇；仅有2篇报纸文章，即2019年4月19日《光明日报》评论员发表的"集中全力做好普惠性、基础性、兜底性民生建设"和2019年12月23日《中国组织人事报》发表的"坚持和完善统筹城乡的民生保障制度加强普惠性、基础性、兜底性民生建设"。以"普惠+民生"搜索，得到101篇期刊文章，其中

---

① 李长健，张磊，阮晓毅. 民生利益视角下农民工养老保险问题研究——以多元主体互促协调为分析进路［J］. 中州大学学报，2008（4）：1-4.

"普惠性、基础性、兜底性民生"建设研究

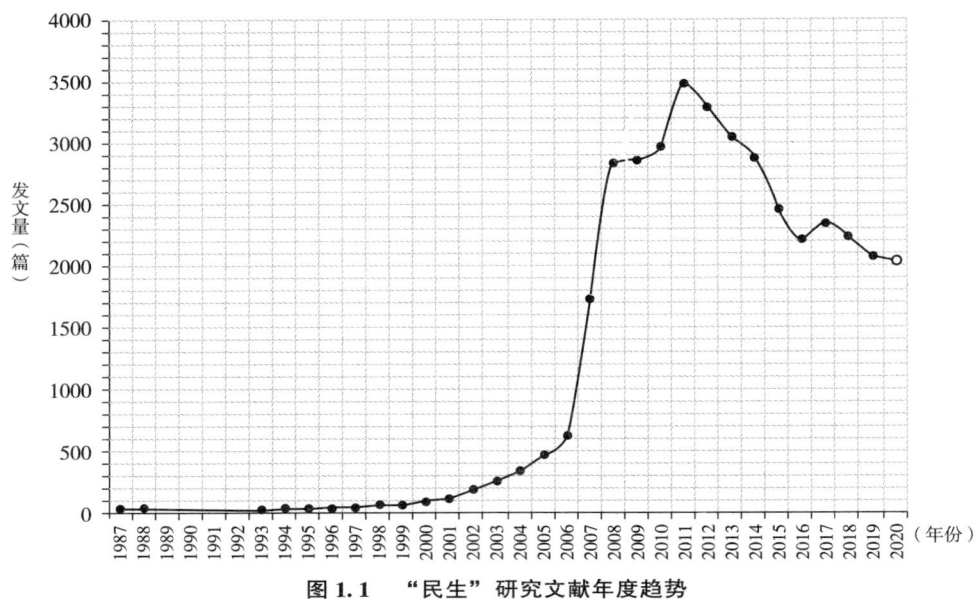

图 1.1　"民生"研究文献年度趋势

CSSCI 期刊文章仅 6 篇；以"基础性+民生"搜索（以"基础+民生"得到的文章，不是将基础作为民生的修饰语和定冠词）仅得到 4 篇文章；以"兜底+民生"搜索得到 22 条记录，以"托底+民生"搜索得到 16 条记录，二者加起来仅有 2 篇核心以上期刊文章。可见，关于"普惠性、基础性、兜底性民生"的研究十分稀缺。

2. 从内容分析，应用学科的研究不够

从发表的文献学科分类来看，37373 篇以"民生"为篇名的期刊文章中，学科分布依次是政治（7961 篇）、新闻传播（7340 篇）、公共管理（1794 篇）、国民经济（3876 篇）、企业经济（1480 篇）、图书情报档案（1274 篇）、社会（1200 篇）、财政（1087 篇）、农业经济（994 篇）、工业经济（945 篇）、法学（894 篇）、劳动经济（887 篇）、城市经济（788 篇）、区域经济（768 篇）、教育（494 篇）、金融（410 篇）等。

由涉及学科看，偏重理论研究的学科发表文章比偏重应用的公共管理、社会、应用经济等学科发表的文章更多。

3. 阐释性研究多，对策性研究少

学术界对"民生"的研究，大多数是阐释性研究，对民生现状进行解剖并提出针对性的对策的研究不够。

第一章 绪 论

关于民生现状的研究，大型实证研究课题组有国务院发展研究中心的"中国民生调查"（国务院发展研究中心，2019）及一些省份的省级调查（耿鹏等，2019；姜文芹，2018）。基于统计数据分析大型课题组有北京师范大学的"中国民生发展指数"研究（北京师范大学，2017）、中国统计学会 2009~2012 年的地区发展和民生指数研究（中国统计学会，2012；鲜祖德，2014）。还有一些省市的基于问卷调查和基于统计数据的研究（北京市统计局，2010；上海市社科院，2009）。这些研究奠定了很好的基础。民生建设日新月异，需要不断跟踪最新发展状况，准确描述现状才能提出针对性对策。而且民生现状需要从民众的真实感受去了解把握，需要典型的且大范围的案例解剖，需要线上线下、宏观中观微观等多源数据分析，这方面的研究还不够。

在现有的关于民生对策的研究，第一，当前研究更多关注具体民生领域的问题，集中于衣食住行、入学就业、就医社保等的描述和推论上，可操作性对策研究成果少。有学者指出，我国民生保障制度缺乏统筹规划，民生制度尚未成熟，各方面制度保障均存在缺陷，在提出对策时提出增强民生保障制度的统筹性与系统性，加快优化现行各项民生保障制度安排，促使各项制度走向成熟、定型。这些都是很好的政策建议，需要进一步提出落地、可操作的对策。第二，自上而下的视角较多，较少有自下而上、以民众为出发点提出对策的研究。民众既是民生建设的受益者，也是民生建设的主体。从民众出发思考民生问题，可以拓宽研究思路。第三，从比较借鉴的角度的研究不多。世界各国的社会福利体制都在进行改革，社会服务也在不断改进中，对这些最新成果的研究跟踪不够（赵中源、梅园，2010）。第四，方法论上需要理论与实践相结合。首先要更加关注代表性地区。已有一些研究者结合地区实践和数据提出相应的对策，比如许伟杰和付蕾（2019）结合浙江省民生舆情数据反映的问题，提出相应的对策。也有研究关注经济发达的广东地区（阙志兴等，2017）以及面临东北老工业基地振兴重任的东北地区（柳清瑞、苏牧羊，2016），给出相匹配的对策建议。国家民生政策是总体要求，各地需结合本地实际情况来实施，不同发展水平的地区应当制定不同发展水平的民生指数，为了实现理论为实践服务，需要更多研究关注代表性地区。其次要研究成果的社会化。要体现民生研究的现实意义，就要建立一个顺畅的联系渠道，使研究的成果能及时反馈给政府相关部门，转化为现实生产力，并对民生建设的实践产生积极影响（赵中源、梅园，2010）。但现有对策研究成果转化不足。

(二)理论意义

已有的研究为本书提供了很好的研究基础。本书将在前人研究基础上,厘清"普惠性、基础性、兜底性民生"理论渊源;界定"普惠性、基础性、兜底性民生"内涵、外延、本质、特征,构建研究的理论框架。如前所述,关于"民生"的研究很多,而关于"普惠性民生""基础性民生""兜底性民生"的研究很少,关于"普惠性、基础性、兜底性民生"的研究几乎没有。"普惠性、基础性、兜底性民生"2016年首次被提出后,一直缺少深入的理论解读。"普惠性、基础性、兜底性民生"到底是怎样的?包含什么内容?这种民生与社会福利体制有什么区别?与中国传统的民本管理又有什么区别?对马克思主义民生思想有何创新贡献?这些问题亟待理论探索。

二、实际意义

(1) 准确把握民生建设现状,找出问题和短板,为提出"普惠性、基础性、兜底性民生"建设策略提供基础。

学术界对民生现状的研究不少。本书从"普惠性、基础性、兜底性民生"角度进行剖析,运用统计数据分析"幼有所育、学有所教、劳有所得、病有所医、老有所养、住有所居、弱有所扶"七个方面的民生状况,研究民生建设短板;运用爬虫方法对网络论坛民众的帖子进行分析,构建词云图,探索民众的民生期望。这些为提出针对性的民生建设策略打基础。

(2) 探索"普惠性、基础性、兜底性民生"建设策略。

"普惠性、基础性、兜底性民生"是个系统建设工程。党的十九大提出,我国"到2035年各方面制度更加完善,国家治理体系和治理能力现代化基本实现;到21世纪中叶实现国家治理体系和治理能力现代化"。本书尝试探索如何确立"普惠性、基础性、兜底性民生"建设阶段,并在此基础上提出建设策略。

第二章　理论基础

现代民生思想是以社会福利理论、马克思主义民生思想、中国古代民本思想等为基础发展和延伸的，本章将对此进行论述。

第一节　社会福利理论

在西方，"民生"并没有一个标准化的概念，"福利""福利国家"更多地取代了"民生"的含义，英语 welfare（福利），简单说就是"过得好"的意思。因此，本书在言及西方时，称"社会福利"。社会福利理论是按照人的权利和需求两条主线演进而来的，其主要内容都与社会成员生理发展和基本能力的提高过程中所产生的权利和需要息息相关，国家将满足人民生存发展的权利和需要作为一项主要的社会政策，建立完备的社会保障制度和健全的福利体系①。其理论和思想有古代的慈善思想、人道主义思想、公民权利思想、民主社会主义、凯恩斯主义、福利主义、新自由主义等，这些思想和理论对社会福利理论的建立和发展产生了重大的影响②。

一、理论渊源

（一）西方古代慈善济贫思想是社会福利思想萌芽的主要理论渊源

慈善济贫思想古已有之，并通过不断充实发展为社会福利思想萌芽的最原

---

① 徐崇温，托马斯·亚诺斯基，亚历山大·M. 希克斯等. 福利国家的比较政治经济学[M]. 重庆：重庆出版社，2003.
② 张伟兵. 发展型社会政策理论与实践——西方社会福利思想的重大转型及其对中国社会政策的启示[J]. 世界经济与政治论坛，2007（1）：88-95.

始的理论基础①。早在公元前 2000 多年的《汉谟拉比法典》就规定"要保护寡妇、孤儿,严禁以强凌弱"。早期慈善济贫思想实际上就是要关心那些生病、年老、残疾和贫穷者,这种思想后来被宗教组织所利用,成为宗教慈善行为。在欧洲中世纪,照顾贫苦的责任主要由教会承担。中世纪末期,随着工商业的发展和宗教改革运动的兴起,农业社会中的人身依附关系开始瓦解,由于各种原因农民开始离开土地而涌向城镇,失去了基本的生活来源,许多人沦为城镇游民或乞丐阶层,由此而引发了新的社会矛盾和冲突,饥饿和贫困成为当时主要的社会问题。为了摆脱社会动荡,缓解社会矛盾,一些国家开始采取济贫立法②。如英国 1531 年颁布法令规定,对辖区内的老弱贫民调查登记,颁发许可证,允许其在指定辖区内行乞;1536 年又颁布法令建立由政府主办的公共救济计划;1563 年国会通过济贫法令,规定每户居民要依财产状况收缴税款以救济贫民;1597 年颁布法令规定教学设立救济院。但之后颁布的由一部分人出资另一部分人接受施舍法令,如 1601 年的《济贫法》、1782 的《吉尔伯特法》、1795 年的《斯品汉姆兰法》,引起申请救济的人急速增加,济贫税负担日益加重。与此同时,随着英国的工业革命进一步发展,信奉新教伦理的资产阶级及其思想家极力倡导自由竞争,如亚当·斯密、李嘉图和马尔萨斯等自由主义者就激烈反对 1601 年的《济贫法》。

(二)德国新历史学派政府干预论是西方社会福利思想形成的重要理论基础

19 世纪末 20 世纪初,德国经济飞速发展,阶级、贫富分化明显。"如果说 1834 年之前的问题是贫民问题,1893 年的问题则是贫穷问题"。在此背景下,主张加快国内经济发展的新历史学派诞生了。德国新历史学派又被称为"讲坛社会主义",代表人物施穆勒、布伦坦诺等的理论得到了俾斯麦政府的高度重视和采纳,从而成为德国率先实施社会保险制度的理论依据,后在美国发展也得到了欧洲一些国家的认可,这是西方国家初级的社会保障的思想理论基础③。

---

① 杨露. 欧洲福利国家福利制度的经验教训及其启示 [J]. 理论与改革,2013 (4):96-98.

② 奂平清. 福利制度是西方国家危机的根源吗?——兼论中国社会福利研究的理论自觉 [J]. 教学与研究,2014 (2):91-98.

③ 郭琳. 当代西方福利国家的危机与启示 [J]. 劳动保障世界,2017 (17):25+36.

德国新历史学派反对主张自由放任的古典学派，他们认为社会问题的产生是社会原因造成的，与个人原因无关，政府或国家应当有义务解决社会问题，表达了社会福利应靠国家保障而不是依靠个人自助的思想，强调政府干预[1]。该学派指出劳工问题是德意志帝国面临的最严峻问题，针对工人在就业、劳保等方面面临的问题，他们主张国家通过立法实行包括社会保险、孤寡救济、劳资合作以至工厂监督等在内的一系列干预措施。历史学派的伦理观和国家主义观使德国建立起世界上第一个系统的社会保险制度，1883~1889年德国先后颁布了劳工老年残废保险法、劳工灾害保险法，以法律的形式确立社会保险，标志着传统的以救济为主要形式的社会福利进入了一个新的阶段[2]。

（三）凯恩斯主义有效需求论是社会福利思想发展的主要理论支撑

1929~1933年经济大危机是资本主义有史以来最严重的一次危机，1932年，西方世界的工业产值比1929年下降了大约37%，1933年西方各国的失业人数达到3000多万人，给资本主义世界带来了深重的灾难。西方国家为了从经济危机的打击下恢复过来而普遍进行社会政策调整，提倡国家干预的凯恩斯经济理论应运而生，采取诸多福利措施[3]：第一，由政府出面提供与个人及家庭收入相应的最低收入保障；第二，政府有责任帮助个人和家庭抵御社会风险（如疾病、老龄和失业）可能带来的危机；第三，政府保证所有的国民个人（无论其社会地位的高低）享受尽可能最好的、没有确定上限的社会服务。在凯恩斯理论体系中，影响最深的是有效需求理论及其政策主张，有效需求指商品的总供给价格和总需求价格达到均衡时的社会总需求。凯恩斯就业理论以有效需求原理为基础，他认为资本主义制度下的失业是由有效需求不足造成的，要消除这种状况，必须由国家来管理有效需求，进而引申出一整套以财政政策为重点，相应货币政策为辅助的方法与措施，主张依靠政府力量来刺激消费和

---

[1] 匡亚林.历史制度主义视域下的福利国家三重考：过程、谱系与转型[J].西安财经学院学报，2019，32（2）：94-99.

[2] 曹莹.德国社会福利制度改革对我国的启示[J].安徽商贸职业技术学院学报（社会科学版），2012，11（1）：42-45.

[3] 冯维，王雄军.福利国家的理论源流及对中国福利体系建设的启示[J].治理研究，2018，34（3）：90-97.

投资，弥补有效需求的不足①。

总之，凯恩斯主义的有效需求理论是其社会福利理论的基础，它直接推动了第二次世界大战后社会福利制度在全世界范围内的发展，成为当时和后来相当长一段时期内西方福利国家的理论依据。

（四）福利国家理论是西方社会福利思想成熟的重要理论基础

从社会福利发展历史看，德国的社会保险制度、美国的社会保障制度和英国的《贝弗里奇报告》等都明确表明，国家已将社会福利视为自己的责任。至20世纪五六十年代，欧洲资本主义国家普遍建成了福利国家制度。福利国家论把国家看作是全社会增加福利的工具，要求国家通过立法和财政经济措施，积极增进社会全体成员的福利。"福利国家"政治体制的确立，使社会福利的发展进入了新的阶段②。

福利制度是指国家通过立法而建立起来的比较完善的社会保障制度，其中规定最低的住房、医疗、工资和教育等标准③。福利国家是指国家承担了为其市民提供综合和普遍的福利的责任。福利制度与福利国家两个概念存在区别，福利国家肯定是福利发达、福利制度十分完善且成为这个国家突出政治特征的国家，但有福利制度不等于建立了福利国家，福利制度的出现要大大早于福利国家制度④。

20世纪30年代，威廉坦普尔首先使用"福利国家"概念，提出一个国家应当建成福利国家。实际上，英国自由主义思想家约翰·斯图亚特·穆勒更早提出了福利国家思想，旨在解决工业革命和自由放任给资本主义带来的贫困和失业等问题⑤。1942年，英国经济学家贝弗里奇首次明确、系统而全面地阐述了福利国家思想。1948年，英国工党政府首先宣布建成福利国家，而后法国、联邦德国、荷兰、丹麦、卢森堡、比利时等相继宣布建成福利国家，美国现代

---

① 郭娆锋，宫映华.消费社会与资本主义经济危机的演变［J］.北京理工大学学报（社会科学版），2016，18（6）：63-69.
② 熊跃根.福利体制比较的类型学：源流与发展［J］.江海学刊，2019（3）：101-109+255.
③ 顾俊礼.福利国家论析——以欧洲为背景的比较研究［M］.北京：经济管理出版社，2002.
④ 靳继东.在规范和经验之间：福利国家的制度基础及现实挑战［J］.经济社会体制比较，2015（2）：106-113.
⑤ 房莉杰.平等与繁荣能否共存——从福利国家变迁看社会政策的工具性作用［J］.社会学研究，2019，34（5）：94-115+244.

第二章 理论基础

自由主义者也把福利家思想作为政治纲领①。

第二次世界大战期间,西欧国家战争期间就在规划如何进行战后重建,英国政府1941年组建了"社会保险及相关事务委员会",之后提出的《贝弗里奇报告》为英国规划了一套"惠及所有国民的全面而普遍的社会保障体系",由政府向每个社会成员提供基本生活保障②。报告中所展现的战后美好图景最大程度上迎合了西欧民众对能尽快过上平稳安康的富足生活的强烈渴望。

《贝弗里奇报告》在总结世纪以来的社会改革经验的基础上,分析了英国贫困的成因,探讨了"摆脱贫困之路",指出通过社会保险并根据家庭需要进行双重收入再分配才能摆脱贫困。要从扩大覆盖对象范围、扩大覆盖风险范围、提高待遇标准三个方面改进国家保险,以使失业者和生活遇到困难的人能够生活在贫困线以上。报告涉及了全方位的社会福利问题,着力形成一个完整的福利体系,设计了一整套"从摇篮到坟墓"的社会福利制度③。迄至今日,该报告仍被视为"是社会保障发展史上具有划时代意义的著作"。

综上所述,西方社会福利思想发展的各个历史阶段具有不同的理论基础,但需要指出两点:首先,在西方社会福利思想发展的不同历史阶段,都具有以某种理论为主要理论基础,其他多种理论并存的特点。如在西方社会福利思想发展时期,不仅凯恩斯主义有效需求理论是其主要理论支撑,同时还有罗斯福社会保障思想、新剑桥学派等也是其理论基础。其次,西方社会福利思想的发展具有历史性,各种理论本身都在不断变化发展之中,同时又有新的理论不断出现,如当社会历史条件发生变化后,福利国家的弊端逐渐暴露,新自由主义走上前台,提出一系列以个人主义为基础的自由主义主张,新保守主义也对国家干预思想进行激烈批判。对此,英国社会学家吉登斯提出"第三条道路",推动着资本主义社会福利思想不断发展和完善。

纵观资本主义社会福利思想的发展历程,从本质上讲,社会福利理论的演进,主要围绕通过政府干预还是市场自由来实现福利改善。实践经验表明,在社会福利问题上,既不能完全依靠政府,也不能仅靠市场,政府与市场的有效

---

① 冯维,王雄军. 福利国家的理论源流及对中国福利体系建设的启示[J]. 治理研究,2018,34(3):90-97.

② 刘晓梅,闫天宇. 英国福利思想与制度变化的再思考[J]. 社会保障研究,2020(4):93-101.

③ 陈界. 援助导向保障:福利国家社会建设的轴心——《贝弗里奇报告》的地位与影响[J]. 北方论丛,2009(1):100-103.

结合才是福利改善的必然趋势。

二、社会福利思想的主要内容

通过对西方社会福利思想发展历程和理论基础的考察与阐述可以看出，西方社会福利思想的内容主要包括保障公民权利、关注社会救助、强调社会保险和重视社会福利四个方面。

（1）强调公民权利的保障。公民权利是指为公民所拥有、为政府所保障的权利，是公民依法享有的各种政治、经济和社会权利，可分为生存权和发展权等[1]。

（2）社会救助。社会救助也称社会救济，是指国家和社会对因各种原因造成生活困难，无法维持最低生活水平的公民，无偿给予物质帮助，提供生存保障的一项社会保障制度。社会救济的对象一般有三类：一是无依无靠、没有劳动能力和生活来源的人；二是有收入来源，但生活水平低于法定最低标准的人；三是有劳动能力和收入来源，但由于意外的自然灾害或社会灾害，而使生活一时无法维持的人。

（3）社会保险。社会保险是现代社会福利制度中最引人注目、发挥作用最大的组成部分，也是西方福利思想中的一项重要内容。社会保险是指以劳动者为保障对象，以年老、疾病、伤残、失业、生育等特殊事件为保障内容，国家组织实施的保险制度。它是整个社会保障制度的核心部分，一般包括社会养老保险、社会医疗保险、社会失（待）业保险、工伤保险、生育保险等内容。福利思想和实践的制度安排在近代西方国家主要体现为社会保障制度。社会保障制度，是指国家和社会为了维护社会成员的基本生存权利，保证和促进社会稳定和经济发展，对由于各种原因而失去生活保障的社会成员给予一定物质帮助的社会安全制度[2]。不难看出，社会保障制度是解决民生问题的国家层面的制度安排。

（4）社会福利。社会福利在不同的国家、不同历史时期有不同的含义，是个动态发展的概念[3]。社会福利有狭义和广义之分，狭义层面的社会福利专指

---

[1] 彭华民，顾金土．论福利国家研究中的比较研究方法［J］．东岳论丛，2009（1）：63-70.
[2] 周弘．社会保障制度的国际比较［M］．北京：中国劳动出版社，2010.
[3] ［美］托马斯·亚诺斯基，亚历山大·M．希克斯著．福利国家的比较政治经济学［M］．姜辉，于海青，沈根犬译．重庆：重庆出版社，2003.

对生活有困难者进行帮助；广义层面的社会福利是指为了提高公民的精神和物质生活水平，政府与社会所开展的一系列举措。社会福利是社会保障中的最高保障①。

但是关于西欧的社会福利理论，是以社会保障制度和福利经济学作为理论依据的，是对市场经济的补充。因此，更侧重于福利经济学和社会保障政策的研究②。

第二节 马克思主义的民生思想

马克思恩格斯著作中虽未曾使用民生一词，但其著作充满民生思想。在马克思恩格斯看来，人民群众是历史的创造者，他们的生活状态受到生产力和生产关系的双重制约。

一、马克思恩格斯民生思想的形成阶段

马克思恩格斯民生思想的形成可以分为三个阶段，即唯物史观形成之前的萌芽阶段、伴随着唯物史观确立的正式形成阶段以及唯物史观确立之后在唯物史观指导下的完善和成熟阶段等③。吴少进④把马克思民生思想的形成分为开始萌芽、初步形成、走向成熟和继续发展四个阶段。萌芽时期为从其博士论文到《莱茵报》，在这一时期马克思清楚地认识到生存问题是人们的最基本问题，而影响人生存的关键问题则是贫困，因此想要实现民生，首要面对的应是生活在最底层的贫苦大众的贫困问题。在此期间，马克思撰写的博士论文以及为《莱茵报》撰稿的文章，都体现了其思想的成果，因此成为了其民生思想萌芽的标

---

① 杨敏，郑杭生. 西方社会福利制度的演变与启示 [J]. 华中师范大学学报（人文社会科学版），2013，52（6）：25-35.
② 彭华民等. 西方社会福利理论前沿——论国家、社会、体制与政策 [M]. 北京：中国社会出版社，2009.
③ 徐祖明，王贤斌. 马克思恩格斯民生思想的形成轨迹 [J]. 中共贵州省委党校学报，2010（4）：12-14.
④ 吴少进. 马克思民生发展路径思想探论 [J]. 河南师范大学学报（哲学社会科学版），2013，40（1）：5-9.

志。初步形成阶段是从《德法年鉴》到《德意志意识形态》，马克思在这一阶段主要是对人的解放的关注并对现实资本主义的批判。《德意志意识形态》的发表不仅标志着唯物史观的基本完成，也意味着马克思民生思想的初步形成。走向成熟阶段是从1847年的《哲学的贫困》到1848年的《共产党宣言》的发表，这个时期是马克思民生思想发展的重要时期。《共产党宣言》的发表，不仅标志着马克思主义的诞生，还汇集了马克思对民生问题的思考成果，因此马克思民生思想在此阶段走向成熟。从《资本论》到马克思恩格斯晚年的著作是马克思民生思想的继续发展阶段。在《共产党宣言》发表之后，马克思民生思想的进一步发展和细化体现在了《资本论》及以后的著作中，这为实现人的全面自由发展提供了理论基础。

二、马克思恩格斯民生思想的内容

民生产生于"现实的人"的需要，受制于需要的满足程度。"现实的人"是马克思恩格斯民生思想的主体，既是自然中存在的、活生生的人，更是处在特定社会关系中、受历史的和现实的条件制约的人①。马克思认为，人类生存和创造历史的首个前提是能够生活，而生活的首个条件则是获得吃喝住穿和其他东西②。马克思从复杂的社会现实出发，厘清了民生需要的层次和内涵。王贤斌③分析了马克思恩格斯民生观的逻辑结构，认为马克思恩格斯民生观的逻辑起点是人的需要，贯穿主线是实践，逻辑终点是人的全面自由发展。马克思与旧唯物主义直观地理解民生不同，认为民生是一种生活，是创造历史的前提，把人的生存和发展作为民生思想丰富内涵的根本出发点，认为人的需要是马克思民生思想的逻辑起点，并贯穿于改善人民群众的生产生活的实践中，最后把人的全面发展作为其民生思想的逻辑终点④。

众多研究马克思恩格斯民生思想的学者都重点研究了马克思恩格斯民生思想的内容。马克思恩格斯民生思想深藏于他的生活需要理论中，无论是对异化

---

① 叶汝贤. 现实的人及其历史发展的科学——深入解读《德意志意识形态》所阐发的唯物史观 [J]. 哲学研究，2008（2）：10-18.
② 马克思恩格斯选集（第1卷）[M]. 北京：人民出版社，2012：158.
③ 王贤斌. 马克思恩格斯民生思想的逻辑性解读 [J]. 河海大学学报（哲学社会科学版），2011，13（3）：1-3+89.
④ 王涛. 马克思恩格斯的民生思想及其启示 [J]. 理论探索，2010（2）：26-28+63.

劳动的阐述、对人民群众历史地位的认识，还是对实践的论述都深刻表现了他对现实中人的生存与发展的关注，特别是劳动人民的生存与发展。人的需求在社会中产生，对需求的衡量也须以社会为标准①。民生问题不仅是马克思研究唯物史观的出发点，也是唯物史观关切的重要内容。马克思唯物史观对现实的人的关注最终是达到促成人的解放、实现民生的目的②。关注人的生存状况，是马克思恩格斯民生思想的现实基础，马克思恩格斯以实践的思维方式和以人为本的向度，深度把握民生问题，强调人的发展与经济发展相协调，社会整体发展与个体发展相一致，充分发挥以人为本的国家社会管理职能，使每个人得到自由而全面的发展③。马克思恩格斯民生思想丰富，立足于人的生存和发展是其根本出发点，不断改善人民群众的生产生活状况是其现实诉求，每个人的全面而自由发展是其最终目标。④ 蕴含在马克思文本中的民生思想是宝贵的精神资源，经历了一个从隐到显的历史形成过程。民生是"现实的个人""他们的活动"以及"他们的物质生活条件"三个要素的统一。基于现实生活中的人要生存下去就必须要解决不挨饿的问题，温饱解决后随着他们实践能力的提高，对生活有了其他方面的更高需求，于是产生了进一步的实践的动力。社会生产是实现民生的基础，因为任一民族若停止生产活动几个星期也将灭亡⑤。"现实的人"的需要只有通过有意识的生产才能得到满足。就是在这种"人的需求"的驱动下，人们通过他们自身的实践活动从而来实现他们的生活追求，"民生"也在这个过程中逐渐有了意义⑥；新生产部门的这种创造……是发展各种生产的一个不断扩大的体系，与之相适应是需要一个不断扩大的体系⑦，社会由此得到发展。

三、列宁的民生思想

列宁社会主义民生思想在不同阶段其侧重点不同，一是苏联成立初期的民生思想，通过《土地法令》保障农民的生存权，通过《工人监督条例》保障

---

① 马克思恩格斯选集（第1卷）[M]．北京：人民出版社，2012：345．
② 王慧，蒋锦洪．马克思在创立唯物史观同时体现的民生思想[J]．理论学刊，2009(12)：20-23．
③ 苗贵山．马克思恩格斯民生思想及其当代价值[J]．当代世界与社会主义，2009(4)：36-39．
④ 王涛．马克思恩格斯的民生思想及其启示 [J]．理论探索，2010 (2)：26-28+63．
⑤ 马克思恩格斯选集（第4卷）[M]．北京：人民出版社，2012：473．
⑥ 王健．马克思民生思想及其当代启示 [J]．求实，2010 (1)：4-8．
⑦ 马克思恩格斯选集（第2卷）[M]．北京：人民出版社，2012：715．

工人阶级的生存权，通过租让制保障广大人民群众的生存权利。二是社会主义建设初期的民生思想，保障工农的政治权益，保持党和人民的紧密联系，让工农群众在管理国家的实践中学习管理，保障自身权益。三是社会主义深化发展中的民生思想，推行维护人民利益的经济制度，选择合适的社会主义过渡道路①。十月革命后，俄国的民生实践包括发展生产力，提高劳动率，解决民生基础问题；通过土地改革，解决农民土地问题；完善制度，逐步解决社会主义劳动就业问题；探索和践行社会主义社会保障；扩大民主，吸收工农管理国家，保障人民生存与发展权利；发展国民教育，满足人民教育权利及教育需求。列宁强调，布尔什维克作为执政党，"必须把改善工农生活状况的问题单独提出来，以便密切注意这方面取得的成绩"，使人民相信"无产阶级政权不向财富卑躬屈节，而是帮助贫民，这个政权让无家可归的人强行搬进富人的住宅"，进一步在实践中积极探索解决民生问题的具体方法和途径，充分发挥民众的首创精神，调动一切因素，发展生产力②。苏联的民生实践经过斯大林的社会主义工业化和农业集体化及"大清洗"运动，赫鲁晓夫的改革尝试以及勃列日涅夫时期苏联的发展与停滞，再到最后的苏东剧变、苏联解体，经历了曲折的发展③。

四、马克思主义民生思想的当代价值

自民生问题被关注以来，学者开始探索马克思主义民生思想对我国民生建设的启示，提出马克思民生思想对践行"以人为本"的执政理念、贯彻落实科学发展观和建设中国特色社会主义具有指导意义④。马克思民生思想对当前我国民生建设具有三点重要启示：全面贯彻执行"以人为本"的执政理念；正确处理社会主义与资本主义的关系；积极促进人与人、人与自然、人与社会的和谐⑤。马克思民生思想指导我们做好人的发展与经济发展相协调、社会的全面

---

① 王贤斌. 马克思恩格斯民生思想逻辑性解读 [J]. 河海大学学报（哲学社会科学版），2011，13（3）：1-3+89.
② 杨恒生. 列宁的民生思想及其当代启示 [J]. 理论视野，2013（7）：19-22.
③ 叶庆丰，白平浩. 社会主义发展史纲 [M]. 北京：中共中央党校出版社，2011.
④ 黄高亮. 民生问题的马克思主义解读 [J]. 探求，2007（3）：9-16.
⑤ 王涛. 马克思恩格斯的民生思想及其启示 [J]. 理论探索，2010（2）：26-28+63.

发展与个体发展相适应、有效利用国家社会管理职能这三大原则①。在马克思恩格斯的全部学说中，充分认识人民群众的作用、切实关注人民群众的利益是其重要内容。这对当今中国不断推进民生改善、全面建成小康社会具有指导作用②。

第三节 中国民生思想与实践

中国民生思想与实践源远流长，但只有现代国家建立起来，尤其改革开放后，民生才得到较大改变。

一、传统的民生思想与实践

（一）中国古代民生思想

"民生"一词最早出现在《左传·宣公十二年》之中的"民生在勤，勤则不匮"之说。在中国传统社会中，民生一般是指百姓的基本生计与保障。民生问题事关政治的稳定、社会的和谐和人民的福祉，也代表着对美好社会的构想。周公、孔子、孟子、墨子等古代思想家都有关注民生问题，而且都力图寻找解决民生问题的对策，如周公的敬德保民、孔子的大同理想、孟子的德政、墨子的兼爱思想等，其中儒家、道家、墨家都基于"天人合一"的宇宙观来审视民生③。在政治措施上，统治者们的民生思想则主要体现在赈灾济困方面。传统儒家不仅对民生问题给予了高度的关注，而且还为解决民生问题寻找理论根据。生生、民生、无告、生死、贫富、贵贱、强弱、祸福、理欲、食色、名利、福利、道食、力命、勤惰、奢俭、取予、好生、厚生、贵生、养生、爱民、利民、养民、富民、安富、扶弱、济贫、平均、损益、调均等，构成了中

---

① 苗贵山. 马克思恩格斯民生思想及其当代价值 [J]. 当代世界与社会主义, 2009 (4): 36-39.
② 林祖华. 马克思恩格斯的民生思想及其当代启示 [J]. 中国社会科学院研究生院学报, 2017 (4): 6-14.
③ 刘泽华, 葛荃. 中国古代政治思想史 [M]. 天津: 南开大学出版社, 2010.

"普惠性、基础性、兜底性民生"建设研究

国古代民生哲学的重要范畴和思想体系①。

中国历代统治者对民生的实施由来已久,各派思想家也都纷纷提出了自己的民生思想。《礼记·王制》中有"养者老以致孝,恤孤老以逮不足"。西周的周公提出了"敬德保民思想",包含"怜小民"和"行教化"的思想。春秋战国时,在思想上形成了各种流派,各学派提出了具有强烈民本色彩的民生思想。孔子的大同理想是他心目中德政的典范,也是他民生思想的体现,即"使老有所终、壮有所用、幼有所长、鳏寡孤独废疾者皆有所养。"孟子对德政作了更为具体的阐述,他认为君王应推行"仁政",即"恻隐之心,仁之端也"。"制民之产,必使仰足以事父母,俯足以蓄妻子,乐岁终身饱,凶年免于死亡。"墨子的兼爱思想也是民生思想的一种,主张"兼相爱交相利,饥者不得食,寒者不得衣,劳者不得息",是人民的三大巨患,呼吁对人民给以食物、衣服、休息的条件。连倡导无为而治的庄子也表达了"以衣食为主,蓄休息蓄藏,老弱孤寡为意,皆有以养,民之理也"的民生福利思想②。

在这些民本、德政思想的影响下,历代统治者都以赈灾济困为己任,建立起当时历史条件下的社会保障体系。如周朝时的孤儿救济,汉代设常平仓平抑物价、备荒赈恤,隋代"民间寄纳在官"的义仓承担着地方的赈恤责任。之后,养济院、慈幼局、漏泽园等社会救济与抚恤事业纷纷成立。到宋代以后,慈善救济事业开始有了具体组织,对济贫、恤老、养孤等都极注意。自宋代以后,社会救济事业得到不断发展,虽然组织和机构有所不同,但都以济贫、恤老、养孤为主旨。

古代思想家为我们建构了社会保障的雏型,并不同程度地影响着我国历代的民生措施。而古代的思想家和统治者对民生问题的反思,总体而言是以民本意识为指导,以维护君主专制政权的长治久安为目的,但其中不乏现代可以借鉴的观点与思想。

(二)近代中国的民生思想

近代中国,列强瓜分,内忧外患,民不聊生,这为中国民生的发展提供了现实的要求。这一时期有代表农民阶级的太平天国和代表资产阶级的"中华民国"这两股新兴的势力,民生思想主要表现在《天朝田亩制度》《资政新篇》

---

① 程潮. 儒家民生思想的立论基础 [J]. 宁夏社会科学,2011 (2): 116-119.
② 程潮,张金兰. 中国古代民生思想研究 [M]. 北京:社会科学文献出版社,2013.

和孙中山的"三民主义",尤其是"民生主义"。

1. 半殖民地时期的民生探索

《天朝田亩制度》是洪秀全在《原道醒世训》中表达了对"有无相恤,患难相投,门不闭户,道不拾遗,男女别途,选举上德"的美好社会蓝图的憧憬后民生思想的进一步具体化,即"有田同耕,有饭同食,有衣同穿,有钱同使"①。这种空想性的完美社会福利尽管完美,但与现实的距离是无法跨越的。另外,《天朝田亩制度》还涉及教育、社会保障方面的民生内容,太平天国的教育是以宗教形式进行;在社会保障方面太平天国则强调对于鳏寡孤独者和有残疾或有疾病的人免除徭役,由国家供养。但颁布后,由于战事频繁及其他原因,许多措施未能有效实施。《天朝田亩制度》是中国近代历史上第一个付诸实践的民生方案,以解决民生问题为宗旨,而且以直接的方式提出了中国民主革命的一个根本问题——农民的土地问题,设计了一个"有田同耕,有饭同食,有衣同穿,有钱同使,无处不均,无人不饱"的理想社会②。虽然该制度没有完全实施,但对封建秩序造成了巨大冲击。这种民生思想不是西方思想在中国的复制,而是中国传统民生思想在近代的第一个理论形态。

资产阶级维新派在学习西方的同时提出了民生思想。中国近代改良派先锋冯桂芬在其《收贫民议》中,明确主张效法荷兰设立收养和教育贫民的机构"养贫教贫局",效法瑞典设立强制性义务教育学校"小书院"③。中国近代维新思想启蒙者郑观应在《善举》中介绍了西方慈善机构的情况,在《富贵源头》一文中他强烈表达了救济的思想,主张设立"义院"以"收无赖丐人使之自食其力"④。杨茂才在《论泰西善堂》中,主张仿西法,设善堂,实行社会救济⑤。方法是建立善堂,收留鳏、寡、孤、独及其他难民,针对不同对象教给不同技能⑥。康有为在参加的政治活动中提出了自己的福利思想观,构想出"公养""公教""公恤"等带有浓厚理想色彩的慈善公益体系⑦。

---

① 陈舜臣. 太平天国兴亡录 [M]. 北京:红旗出版社,2017.
② 王明前.《天朝田亩制度》"田政"考辨 [J]. 中国农史,2006 (4):55-62.
③ 毕天云. 冯桂芬的社会福利思想探析[J]. 贵州师范大学学报(社会科学版),2019(5):35-41.
④ 夏东元. 郑观应集(上)[M]. 上海:上海人民出版社,1982:527-1078.
⑤ 李瑞. 建国前中国社会福利思想发展概述 [J]. 天府新论,2009 (3):137-139.
⑥ 蒋至静. 中国近代资产阶级进化史观与民生史观述评 [J]. 江汉论坛,1987 (9):70-74.
⑦ 徐112玉,景天魁."人生八有":康有为社会福利思想探析 [J]. 天津师范大学学报(社会科学版),2019 (3):58-61.

2. 孙中山三民主义

民生主义是继民族主义、民权主义之后孙中山提出的三大"革命纲领"之一，是民族主义、民权主义的归宿。孙中山把民生主义作为理想社会，希望解决的问题是中国的近代化，使中国由贫弱至富强；同时还包含劳动人民生活福利以及对资本主义社会经济溃疡的批判和由此产生的"对社会主义的同情"。孙中山的民生主义的主要内容为土地与资本两大问题。"平均地权""土地国有"的土地方案可以防止垄断，也能使"公家愈富"，从而促进"社会发达"①。在有关资本的课题上，孙中山把发展社会经济的途径归结为"节制资本"和发展"国家社会主义"，既可"防止资本家垄断之流弊"，又得以"合全国之资力"。针对民生所要解决的问题，孙中山将"衣、食、住"三种需要发展为"衣、食、住、行"四种。"我们要解决民生问题，不但是要把这四种需要弄到很便宜，并且要全国人民都能够享受……一定要国家来负担这种责任……"孙中山还从制度上对中国的福利实施作出了具体的设计，认为社会应该收养老人、设立公共医院、老人院等②。

二、中国共产党的民生思想与实践

中国共产党的民生观深受中国古代民本思想、社会福利思想和马克思主义人本思想的影响，是对古代传统民本思想的扬弃与超越。

（一）中华人民共和国成立前的民生思想与实践

"中国共产党在成立后的一年时间里，通过学习和掌握马克思主义，经过革命斗争实践，对国际国内形势、中国社会状况和中国革命的基本问题，开始有了进一步的认识③"。中国自古就是农业大国，农民问题是近代以来关乎国计民生的基本问题。1921年7月，党的一大提出了没收机器、土地等生产资料，消灭资本家私有制，并开始领导农民运动。党的二大对中国农民做了初步的阶级分析，《大会宣言》就保护农民利益明确了几点要求：废除丁漕等法律，规

---

① 《孙中山选集》[M]．北京：人民出版社，1981：251.
② 邓伟志．新三民主义的现实意义[J]．学术界，2017（9）：217-223.
③ 中共中央党史研究室．中国共产党历史第1卷（1921-1949）上册[M]．北京：中共党史出版社，2011：74.

定全国（城市及乡村）土地税则；"规定了限制田租率的法律"① 等办法。党的三大通过了中国共产党历史上第一个《农民问题决议案》，强调"以保护农民之利益而促进国民革命运动之必要"。② 党的四大提出了工农联盟问题，指出农民是革命的"重要组成部分"。党的五大通过了《土地问题决议案》，明确提出了"土地革命"的要求，将"耕地无条件的转给耕田的农民"。1921~1927年，"大革命"虽然失败了，但是中国共产党提出的反帝反封建口号成了广大人民的共同呼声，中国共产党对农村问题的正确认识，对工人运动的正确领导，促进了农民运动和工人运动的不断高涨，为土地革命的迅速发展奠定了重要的基础。

在国共十年对峙时期，共产党把解决民生问题和进行革命相融合，将改善根据地群众的生活、推进有计划的经济发展，当作"工农武装割据"存在和发展的保障。1934年1月，毛泽东在第二届全国工农兵代表大会上发表《关心群众生活，注意工作方法》讲话，他说："我们对于广大群众的切身利益问题，群众的生活问题，就一点也不能疏忽，一点也不能看轻"③，"一切群众的实际生活问题，都是我们应当注意的问题"④。这包括：①打土豪分田地，使广大贫苦农民真正分得了土地，从根本上改善了农民的生存状况。此外，关心群众疾苦，提高人民生活水平，保障工人利益，建立合作社，增加农业生产等。②实施民主新政，保障人民政治权利，"凡在苏维埃政权领域内的工人、农民、红军士兵及一切劳苦群众和他们的家属，不分男女种族（汉、满、蒙、回、藏、苗、黎和在中国台湾的高丽、安南人等）宗教，在苏维埃法律面前一律平等，皆为苏维埃共和国的公民"。⑤ ③加强文化教育卫生事业，提高人民群众素质，具体措施包括：首先，保障工农群众的教育权。1931年11月，中华苏维埃第一次全国代表大会通过的《中华苏维埃共和国宪法大纲》和《大会宣言》中明确规定："中国苏维埃政权以保证工农劳苦民众有受教育的权利为目的。在进行国内革命战争所能做到的范围内，应该实行完全免费的普及教育，首先应在青年劳动群众中施行并保障青年劳动群众的一切权利，积极地引导他们参加

---

① 中央档案馆. 中共中央文件选集（第1册）[M]. 北京：中共中央党校出版社，1989：116.
② 中央档案馆. 中共中央文件选集（第1册）[M]. 北京：中共中央党校出版社，1989：151.
③ 毛泽东选集（第一卷）[M]. 北京：人民出版社，1991：136.
④ 毛泽东选集（第一卷）[M]. 北京：人民出版社，1991：137.
⑤ 中华苏维埃共和国法律文件选编[M]. 南昌：江西人民出版社，1984：7.

政治和文化的革命生活，以发展新的社会力量"①。兴办各类学校，如中央苏区教育有小学教育、工农业余教育、红军和干部教育等多种类型，还有多种形式的在职干部训练班和夜校、半日学校、业余补习学校、识字班、俱乐部等多种灵活多样的非学校教育形式。其次，促进医疗卫生事业发展。1932年1月12日，苏区中央政府决定在苏区普遍开展以预防常见病、流行病为主要内容的卫生防疫运动；设立卫生管理机构，要求城乡各级政府都要组织卫生委员会或卫生小组，对本地区、本单位的卫生工作负责，方便群众看病。④加强社会管理，重视妇女解放，树立社会新风尚。⑤勤政为民，反腐倡廉，使广大党员、干部努力成为中国历史上最廉洁、最让老百姓放心的官员，使中央苏区成为人民群众最值得信赖的政府。

抗战胜利后，加大土地改革力度。1945年毛泽东在《抗日战争胜利后的时局和我们的方针》一文中指出："我们的责任，是向人民负责。每句话，每个行动，每项政策，都要适合人民的利益，如果有了错误，定要改正，这就叫向人民负责"②。同年10月，毛泽东在《减租和生产是保卫解放区的两件大事》一文中指出："告诉党员坚决同人民一道，关心人民的经济困难，而以实行减租和发展生产两件大事作为帮助人民解决困难的重要关键，我们就会获得人民的真心拥护，任何反动派的进攻是能够战胜的"③。1946年5月至1947年8月，由"减租减息"政策变为"耕者有其田"政策，再次提出没收地主阶级的土地分配给农民土地的改革政策。1947年9月至1949年9月，《中国土地法大纲》是中国共产党颁布的第一个关于土地制度改革的纲领性文件，为"耕者有其田"政策提供了法律保障，使农民在真正意义上拥有了土地，获得了生存的基础，获得了改善民生的根本性资源。

（二）计划经济时代的民生

计划经济时代的民生主要是毛泽东民生思想的运用。中华人民共和国成立后，国家独立、民族解放，由此确立了改善民生的基本政治前提；1956年"三大改造"完成后建立的社会主义制度实际上奠定了解决民生的基本制度；毛泽东提出的全心全意为人民服务的思想是党的根本宗旨，这实际上构成了改善民

---

① 中华苏维埃共和国法律文件选编 [M]．南昌：江西人民出版社，1984：8.
② 毛泽东选集（第四卷）[M]．北京：人民出版社，1996：151.
③ 毛泽东选集（第四卷）[M]．北京：人民出版社，1996：182.

生的思想保障。毛泽东强调加快经济建设以改善民生；他重视文化建设，以文化丰富人们精神生活；他紧紧依靠人民群众，以群众利益为根本。毛泽东民生思想也有其历史局限性，诸如急于变革生产关系，忽视了生产力发展的客观规律；过分追求平均，忽视了效率的提高；偏重生产建设，忽视了人民生活的改善等①。尽管如此，毛泽东将马克思主义民生思想与中国特殊的国情和中国人民的民生状态相结合，形成了中国特色的民生思想②，并对当今我国民生建设有指导意义。

从20世纪50年代起，在计划经济体制的历史背景下，中国形成了比较完整但层次较低的社会福利体系，对促进经济发展和保障人民生活起到了至关重要的作用，但同时，这一时期的社会福利制度又具有鲜明的计划经济体制的烙印，具有很大的历史局限性。自中华人民共和国成立以来，我国政府就开始着手社会福利制度建设。我国社会福利的内涵是独特的，"福利"与生活待遇和救济相提并论，特别指与支援有特殊困难的群体相关的工作和服务，可见我国民政部门的社会福利含义和西方学者笔下的"补缺型福利"基本相当③。社会主义改造完成后，经过几年的探索实践，初步形成了条块分割的、封闭的社会福利体系：国家通过"高就业、低工资、高福利"的方式，在单位内保障就业职工的福利；对于未就业的、单位以外的人员，通过"民政福利"的方式实行保障；在农村实行"五保"制度。由此形成了一个单位与非单位、城市与农村具有严重差异的社会福利体系④。

毛泽东提出必须用极大的努力逐步扫除文盲，并保障公民受教育的基本权利。"农民——这是现阶段中国文化运动的主要对象。所谓扫除文盲，所谓普及教育，所谓大众文艺，所谓国民卫生，离开了三亿六千万农民，岂非大半成了空话？"⑤ 在中华人民共和国成立初期，幼教事业迅速建立，幼儿园数量1950年仅有1799所，1956年增至1.85万所；幼儿园在园儿童数量由1950年

---

① 唐任伍，范烁杰. 毛泽东民生思想及其当代价值［J］. 河北经贸大学学报，2016，37（1）：116-121.

② 杨渊浩. 试论毛泽东的民生思想［J］. 华中师范大学学报（人文社会科学版），2013，52（5）：22-27.

③ 刘嘉慧，黄黎若莲. 英、美两国及大中华地区社会救助制度发展的反思［J］. 社会保障研究，2009（2）：131-146.

④ 岳经纶，程璆. 新中国成立以来社会福利制度的演变与发展——基于社会权利视角的分析［J］. 北京行政学院学报，2020（1）：93-102.

⑤ 毛泽东选集第三卷（第2版）［M］. 北京：人民出版社，1991.

的 14 万人增至 1956 年的 108.1 万人；1952 年幼儿园专职教师只有 1 万人，1961 年增至 5 万人。1949 年，中国小学、中等学校、普通高等教育学校在校生分别只有 2439 万人、126.8 万人、11.7 万人，1957 年分别增加到 3989 万人、705.9 万人、44.1 万人，分别增加了 1.6 倍、4.6 倍、2.8 倍。但十年"文革"教育受到严重冲击，学校遭遇停办，教学设备、图书资料、校舍与生活品都遭到不同程度的破坏①。

就业方面，我国建立与社会主义计划经济相适应的政府劳动力计划配置体制，并与户籍结合形成城乡分割的二元劳动力就业制度，即城镇劳动力由政府安置进入国营或集体企业，农村劳动力在人民公社参加农业集体劳动。政府以这种方式保证适龄劳动人口基本就业，基本消除"失业现象"。1955 年开始，城镇青年"上山下乡"到农村"插队"，1968 年大规模"上山下乡"，至 20 世纪 80 年代初期这一运动结束，近 2000 万知青参与了上山下乡运动②。

住房方面，改革开放前基本上呈现城乡二元体制。1949~1977 年，实行计划经济时代的公有住房实物分配制度，政府或国有企业直接投资建设或更新改造住房，分配给城镇居民租住，住房租金低，与"高就业、低收入"的制度相配套，具有明显的福利保障特征。这个时期整体来说，住房存量不足且居住条件差。1978 年中国城镇居民人均居住面积仅从 1956 年的 5.7 平方米微增到 6.7 平方米。

医疗方面，1949~1977 年，中国初步搭建起医疗卫生体系。1965 年开始，中国加快建立包括村卫生室、公社医务所和县医院在内的农村三级卫生服务体系。1949 年，全国仅有医疗卫生机构 3670 家，主要为教会医院、军队医院和防疫所，医疗卫生机构床位数只有 8.5 万张，每万人拥有执业（助理）医师数只有 7 人。1959 年医疗卫生机构增至 231958 家，医疗卫生机构床位数增至 81 万张③。医疗保障方面也呈现城乡二元分割体制，城市职工及其家属根据所服务单位性质不同，分别参加公费医疗和劳保医疗制度，农村由合作医疗筹资并提供初级卫生服务。整个计划经济时代，养老保障比较薄弱。1949~1977 年，养老机构的床位十分稀少且主要集中在大城市。1978 年养老机构及其床位还没

---

①③ 黄燕芬，张志开，杨宜勇. 新中国 70 年的民生发展研究[J]. 中国人口科学，2019(6)：15-31+126.

② 知青老照片：1968 年 2000 万知识青年上山下乡，人民网-时政频道，2009 年 12 月 22 日。

有专门的统计项目，1978年全国收养机构（包括养老机构）仅有8365个[①]。在整个计划经济时期，老有所养不是主张由社会提供，而是提倡由所在工作单位提供。具体而言，机关事业单位负责本单位老干部的养老，当时的国营企业单位负责本单位退休职工的养老，人民公社负责本公社社员的养老。实际上，农村养老依赖家庭，人民公社只承担无子女的孤寡老人的养老。

社会福利方面，主要是民政福利，包括社会福利事业和社会福利企业。1949~1977年，中国民政福利框架基本形成，主要为无依无靠的城镇孤寡老人、孤儿和残疾人等提供救助。社会福利事业是指各种福利院、精神病院等收养性机构。1953年底，全国共有城市福利救济事业单位920个，先后收容的孤老、孤儿、精神病人及其他人员37.4万人。社会福利企业是指通过建立福利企业吸收残疾人就业的方式来解决他们的生活保障问题，1956年以后，福利企业迅速发展起来。在农村，建立起"保吃、保穿、保烧、保教和保葬"的"五保"供养制度，1958年全国享受"五保"的有413万户、519万人[②]。此外，一些全国性的民间社会福利团体逐渐建立起来，如中国人民救济总会、中国福利会、中国盲人福利会和中国聋哑人福利会等。

（三）改革开放后的民生

有学者将中华人民共和国成立70年的民生发展划分为站起来（1949~1977年）、富起来（1978~2011年）和强起来（2012~2019年）三个重要历史时期[③]。我们的民生建设由生存型民生向发展型民生转变。

邓小平提出解放生产力、发展生产力，以经济建设为中心。"社会主义要显示它的优越性，它的优越性是发展生产力，提高人民生活水平，不然还要社会主义干什么。"[④]"马克思主义认为，归根到底要发展生产力。我们太穷了，太落后了，老实说对不起人民。我们现在必须发展生产力，改善人民生活条

[①] 庆祝新中国成立70周年活动新闻中心发布会：满足人民新期待，在发展中保障和改善民生，新华网，2019年9月26日。

[②] 宋士云. 新中国社会福利制度发展的历史考察［J］. 中国经济史研究，2009（3）：56-65.

[③] 黄燕芬，张志开，杨宜勇. 新中国70年的民生发展研究［J］. 中国人口科学，2019（6）：15-31+126.

[④] 中共中央文献研究室编. 邓小平年谱（1975—1997）（上）［M］. 北京：中央文献出版社，2004：381.

件。"① 邓小平提出，发展生产力的目的是改善人民生活，实现共同富裕。"社会主义的本质，是解放生产力，发展生产力，消灭剥削，消除两极分化，最终达到共同富裕。"② 邓小平强调，"社会主义原则，第一是发展生产，第二是共同致富。""共同富裕的构想是这样提出的：一部分地区有条件先发展起来，一部分地区发展慢点，先发展起来的地区带动后发展的地区，最终达到共同富裕。"③ "让一部分人、一部分地区先富起来，大原则是共同富裕。一部分地区发展快一点，带动大部分地区，这是加速发展、达到共同富裕的捷径。"④ 1987年4月，邓小平在会见西班牙客人时，提出分三步走基本实现现代化的战略步骤。同年10月，党的十三大把邓小平"三步走"的发展战略构想确定下来，指出我国经济发展战略部署大体分三步走。第一步，从1981年到1990年实现国民生产总值比1980年翻一番，解决人民的温饱问题；第二步，从1991年到20世纪末，使国民生产总值再翻一番，人民的生活达到小康水平；第三步，到21世纪中叶，人均国内生产总值达到中等发达国家水平，基本实现现代化，人民生活比较富裕。邓小平在民生方面的思考具有人民性、实践性、创新性、动态性的特征，对中国特色社会主义建设过程中加快推进以改善民生为重点的社会建设具有重要指导意义⑤。

改革开放后，我国经济发展迅速，取得了举世瞩目的成就。遗憾的是，由于缺乏有效的制度和措施激励，邓小平关于先富带动后富的思想没有得到很好贯彻⑥。我国出现了较为严重的贫富差距，基尼系数由1978年的0.28上升至2001年的0.45。胡锦涛同志提出科学发展观，强调经济和社会协调发展。党的十六大报告第一次将"社会更加和谐"作为重要目标提出，中共十六届四中全会，进一步提出构建社会主义和谐社会的任务；中国共产党第十六届中央委员会第六次全体会议发布《中共中央关于构建社会主义和谐社会若干重大问题

---

① 中共中央文献研究室编. 邓小平年谱（1975—1997）（下）[M]. 北京：中央文献出版社，2004：1037.
② 中共中央文献研究室编. 邓小平年谱（1975—1997）（下）[M]. 北京：中央文献出版社，2004：1343.
③ 邓小平文选第三卷 [M]. 北京：人民出版社，1993：172+373.
④ 中共中央文献研究室编. 邓小平年谱（1975—1997）（下）[M]. 北京：中央文献出版社，2004：1130.
⑤ 张爱武. 论邓小平的民生思想——《邓小平年谱（一九七五——一九九七）》解读 [J]. 毛泽东邓小平理论研究，2008（7）：15-21+84.
⑥ 罗建华，尚庆飞. 邓小平"先富带动后富"思想的解读与思考 [J]. 南京社会科学，2015（6）：76-81+93.

的决定》①。党的十七大报告首次确定基本民生由"5个有所"构成,即学有所教、劳有所得、病有所医、老有所养、住有所居②。党的十七大报告还提出了"深化政治体制改革""坚定不移地发展社会主义民主政治""树立社会主义民主法治、自由平等、公平正义理念"的任务,积极探索维护社会公平正义、构建和谐社会的基本价值原则和政治理念。

总之,中国共产党90多年的革命和建设,为今天的民生思想和实践奠定了基础。党的十八大后,我国加快了民生建设步伐,在民生定位、民生目标、民生政策上进行了一系列创新。

---

① 中共中央关于构建社会主义和谐社会若干重大问题的决定 [J]. 求是, 2006 (20): 3-12.
② 胡锦涛. 高举中国特色社会主义伟大旗帜 为夺取全面建设小康社会新胜利而奋斗——在中国共产党第十七次全国代表大会上的报告, 新华网, 2007-10-15.

第三章 "普惠性、基础性、兜底性民生"的本质特征

2019年10月,中国共产党第十九届四中全会提出"必须健全幼有所育、学有所教、劳有所得、病有所医、老有所养、住有所居、弱有所扶等方面国家基本公共服务制度体系,尽力而为,量力而行,注重加强普惠性、基础性、兜底性民生建设,保障群众基本生活"[①]。早在2016年1月,习近平于重庆调研时就指出"在发展过程中要注重民生、保障民生、改善民生……做好普惠性、基础性、兜底性民生建设,全面提高公共服务共建能力和共享水平,满足老百姓多样化的民生需求,织就密实的民生保障网"[②]。之后,习近平在2016年2月于江西看望慰问干部群众和2019年4月于重庆召开解决"两不愁三保障"突出问题座谈会时均提及"做好普惠性、基础性、兜底性民生建设"。那么"普惠性、基础性、兜底性民生"是怎样的民生?其本质特征是什么?本章尝试对此进行解读[③]。

第一节 "普惠性、基础性、兜底性民生"的内涵及外延

一、"普惠性、基础性、兜底性民生"的内涵

(一)普惠性

1949年后,中国首次由国家建立惠及全民的福利制度,但此时的社会福利

---

① 习近平. 中共中央关于坚持和完善中国特色社会主义制度、推进国家治理体系和治理能力现代化若干重大问题的决定 [N]. 人民日报, 2019-11-06.
② 习近平. 在重庆调研时的讲话(2016年1月4日—6日)[N]. 人民日报, 2016-01-07.
③ 谢玉华, 刘晶晶. "普惠性、基础性、兜底性民生"内涵及本质特征研究 [J]. 社会主义研究, 2020(4).

第三章 "普惠性、基础性、兜底性民生"的本质特征

带有明显的计划经济体制特征,城乡分割且与就业挂钩。20世纪70年代末,伴随市场经济改革,我国社会福利制度转变成强调个人责任和市场调节的"补缺型"制度。长期以来,该制度将绝大多数农民排斥在保障范围外,因而与共享改革开放成果的发展目标背道而驰①。21世纪以来,我国经济快速增长,已具备构筑更高层次社会福利体系的物质基础,社会政策与经济建设的协调发展也逐步成为党和政府的关注要点。从"共同富裕"思想的提出,到"和谐社会"的构建,都为民生建设的发展创新提供了指导思想。由此,2007年民政部提出我国社会福利应从"补缺型"转型为"适度普惠型"模式,以达成社会福利的共享、包容,社会发展成果更多、更公平地惠及全体人民。

1958年美国学者威伦斯基和勒博提出补缺型和制度型社会福利制度②。补缺型社会福利制度强调社会福利需求主要由家庭和市场来满足,当二者失灵时国家才介入起补救作用,即"补缺型"社会福利是指政府在"补"家庭和市场之"缺"。在这种模式中,国家旨在救助贫困,福利的接受者是社会的弱者或市场竞争中的失败者。而制度型社会福利制度基于公民权,强调国家的福利供给责任,把福利的享有者扩大到所有公民。1968年英国学者蒂特姆斯提出普遍性与选择性的福利给付模型③。普遍性指福利是人人可以享有的基本权利。基于权利的应得,人人都应公平地获得公共服务。他解释采取普遍性原则的历史原因是"使接受社会供给的人不产生劣等自卑、贫困被救济、羞愧和污名的意识,不把这些人归因为'公共的负担',而把物品和服务更方便有效地提供给全部人口"④。而选择性则是指福利应根据个人需求(通常是通过家计审查)来决定。

可见,补缺型的社会福利制度实际上是一种选择性的社会福利制度,即主要面对弱势群体。而制度型的社会福利制度则蕴含普遍性之要义,基于公民权,覆盖全体社会成员。我国社会福利制度从"补缺型"向适度"普惠型"的转变,标志着我国民生建设由补市场经济之"缺"逐步演变为政府的一项基本职能,旨在实现社会共建共享。下面拟从对象、内容、过程和质量四方面对"普惠性"民生进行解读。

---

① 万国威. 我国社会福利制度的理论反思与战略转型[J]. 中国行政管理, 2016(1): 15-22.
② 黄晨熹. 社会福利[M]. 上海: 上海人民出版社, 2009.
③ 熊跃根. 福利体制比较的类型学:源流与发展[J]. 江海学刊, 2019(3): 101-109+255.
④ Titmuss M. Richanrd: Commitment to Welfare[M]. London: Allen and Unwin, 1968: 128.

"普惠性、基础性、兜底性民生" 建设研究

1. 对象的普遍性：惠及全体人民

根据社会福利理论，普遍主义福利折射的是公民权的政治思想，强调社会公正和权利平等，给予全体公民平等获得福利分配的资格[①]；同时折射出集体主义理念，它让"一个集体的社会来保障全体人民最低的生活水平"[②]。当风险到来之际，所有人被一张保障网覆盖，任何个人不会被集体抛弃。可见，一方面，"普惠性"民生惠及全体人民；另一方面，"普惠性"民生关注特殊群体，不让他们掉队，共享发展成果。

通过对国家政策文件的梳理同样剖析出以上特征。2017年1月国务院发布《"十三五"推进基本公共服务均等化规划》（以下简称《规划》），旨在通过相关公共服务项目的实施使更多人群获益，保障和改善民生。基本公共服务是指由政府主导、保障全体公民生存和发展基本需要、与经济社会发展水平相适应的公共服务[③]。由于服务供给能力的提升，更多的对象可以享受基本公共服务。如老年服务方面，过去仅为孤寡老人提供服务，现在居家、社区和机构养老服务的对象均已面向全体老年人；残疾人服务由关注"三无"残疾人向全体残疾人特别是贫困残疾人拓展[④]。此外，农村社会福利也已向所有农村居民延伸。以上均表明我国社会福利面向的人群由特定老年人、残疾人、困境儿童转向全体公民，打破了长期以来社会福利仅仅面向孤老残幼等弱势群体的局面，体现了"发展为了人民、发展依靠人民、发展成果由人民共享"的理念。

党的十八大以来，为实现民生建设的普惠性，贯彻落实精准扶贫方略，补齐普惠民生的"最后一公里"，我国致力于"决不让一个少数民族、一个地区掉队""决不让困难地区和困难群众掉队""决不让一个苏区老区掉队"。除此之外，我国特别关注城镇低保人群、农民工、大学毕业生以及失业人员等特殊群体，力图使全体人民都过上美好生活。

2. 内容的全面性：满足人民的美好生活需要

"现实的人"的需要是马克思主义民生思想的出发点，可以划分为生存需要、享受需要和发展需要。生存需要是人维持生存和繁衍的基础需要；享受需

[①] 潘屹. 普遍主义福利思想和福利模式的相互作用及演变——解析西方福利国家困境[J]. 社会科学，2011（12）：79-89.

[②] Bäckman, G. The Creation and Development of Social Welfare in the Nordic Countries[R]. Tampere University, 1991: 6.

[③] 国务院. "十三五"推进基本公共服务均等化规划[EB/OL]. 新华网，http://www.xinhuanet.com/2017-03/01/c_1120551990.htm，2017-03-01.

[④] 林闽钢，梁誉. 我国社会福利70年发展历程与总体趋势[J]. 行政管理改革，2019（7）：4-12.

第三章 "普惠性、基础性、兜底性民生"的本质特征

要旨在提高生活水平,既包含对物质需要的追求,又表现为对精神文化、公平正义、安全环境等的要求;发展需要则产生于人们对个人全面自由发展的追求。物质资料及物质生产活动是求解民生问题的物质基础和基本路径,能够满足人的生存权。但对民生问题的求解不仅需要解决物质层面的问题,最终的目的是实现人的全面自由发展。因此必须依据人民群众需要的变化,适时解决其新的诸如精神层面的需要问题,关注人的发展权。

人的需要具有时代性,随生产力发展而改变。中华人民共和国成立初期,鉴于满足人民群众生存需要的急迫性,我国集中全力解决百姓的温饱问题。改革开放后,经过多年经济发展,我国人民生活水平有了质的飞跃,但民生建设未跟上经济发展步伐。党的十八大提出经济、政治、文化、社会和生态文明"五位一体"建设。进入新时代,人民对美好生活的需要向更高水平、更广泛领域迈进,但发展不平衡不充分的问题日益凸显。党的十九大报告提出全党要把人民对美好生活的向往作为奋斗目标,解决百姓最关心最现实的需求,从而促进人的全面自由发展。由此,民生建设的内容不断拓展。

从基本公共服务制度中可以看出民生建设内容的全面性。该制度围绕从出生到死亡各个阶段和不同领域,充分考虑了社会成员在一生中可能面临的各种困难。《规划》全方位设定了基本公共服务的范围,涉及8个领域,对应8项基本生存发展权利,满足人民学有所教、劳有所得、老有所养、病有所医、困有所帮、住有所居、文体有获、残有所助等贯穿一生的需求。可见,我国民生建设内容覆盖了教育、就业、养老、医疗、住房、文体等人民基本生存和发展的所有领域,内容全面;并且福利项目也从经济保障扩展到提供各种基本社会服务,例如,增加法律援助、残疾人托养服务等,旨在满足人民的多样化需求。

3. 过程的均等化:促进机会均等

马克思主义民生思想指出,"现实的人"对于公平正义的社会关系具有不懈的追求。我国党和政府坚持保证人民平等参与、平等发展权利,维护社会公平正义。可见,公平与正义是人民对美好生活需要追求的价值基础,公民享有均等的福利获取机会是民生建设普惠性的重要体现。

在现实社会,个体由于天赋、环境、教育、能力及家庭背景等不同,依据市场规则竞争必然产生社会地位、经济状况等差别,用同一尺度衡量人的活动则会产生权利的不平等。由此国家的职责体现为在确保全体社会成员的基本权利及其义务和机会自由平等的基础上,通过制度的适度安排,合理调节社会与

经济的不平等，将不同地域、人群、城乡之间的福利差异化程度控制在可接受的范围内，使这一不平等符合所有人特别是最少获益人的利益①。

2006年《国家"十一五"规划纲要》首次从国家层面提出基本公共服务均等化概念，指出要在全国范围建立城乡共享、机会均等、差异较小的基本公共服务体系。2012年《国家基本公共服务体系"十二五"规划》是首次编制基本公共服务领域的总体性规划②，该规划提出把基本公共服务制度作为公共产品向全体人民提供，标志着基本公共服务均等化正式上升为国家战略。《"十三五"推进基本公共服务均等化规划》则将"均等化"放到更为关键和突出的位置，瞄准基本公共服务领域存在的城乡、区域和人群差异，加大投入力度，向贫困地区、薄弱环节、重点人群倾斜，推进科学布局、均衡配置和优化整合。例如，城乡居民基本养老保险的合并充分体现了公平保障机制这一核心价值。

值得注意的是，基本公共服务均等化是指所有公民均可公平地获得大致均等的基本公共服务，其核心是促进机会均等，而非简单的平均化。该制度在追求基本公共服务均等化的同时，承认个人、群体和阶层之间按照贡献等合法因素的不同而导致的合理的、适度的福利差别③，目的是激发个人劳动积极性和创造力，以保持社会健康永续发展。

4. 质量的高标准：实质上惠及民生

"每个人自由而全面地发展"是马克思期望的人的发展的最理想状态。因此，我国民生建设以实现人的自由全面发展为价值宗旨，以改善社会成员的生活质量为追求目标，不断提高基本公共服务的给付水平和保障标准，已从基本的生存保障扩展到使人民享有体面和有尊严的生活，力图做到实质上的惠及民生。

由于社会文明程度不断提高，人们平等意识普遍增强，加上部分人群相对高品质的生活方式对大众产生示范效应，人民对同一类公共服务的需求程度以及对公共服务种类的需求均逐渐增长。普惠性的基本公共服务须满足种类够、数量足、质量好、取用易、有效果等条件④。在基本公共服务初始发展阶段，

---

① ［美］约翰·罗尔斯. 正义论［M］. 何怀宏等译. 北京：中国社会科学出版社，1988.
② 原金，涂劲军. 国家首次编制基本公共服务总体规划 确立44类80个基本公共服务项目［EB/OL］. 每经网，http://www.nbd.com.cn/articles/2012-07-20/668592.html.
③ 景天魁. 探索适合中国的民生建设新路［J］. 学习与探索，2019（8）：38-48.
④ 刘明德. 基本公共服务均等化辨析［J］. 上海行政学院学报，2017，18（4）：71-82.

第三章 "普惠性、基础性、兜底性民生"的本质特征

立足于人民的生存权需要,政策重点关注该体系是否具有普遍性、能否全覆盖、发展是否均衡。在该制度的内涵提升阶段,人们的需求逐渐转向自身发展的需求,要求获得更多高质量、个性化和多样化的基本公共服务,并能够方便地获取。2012 年颁布的《国家基本公共服务体系"十二五"规划》、2017 年颁布的《"十三五"推进基本公共服务均等化规划》和 2018 年颁布的《关于建立健全基本公共服务标准体系的指导意见》,均注重以制度建设统领主要民生领域的基本公共服务,把"质量"摆在该体系的重要位置,把人的全面自由发展作为该政策的价值取向,把公平、正义和群众满意作为该政策效用的评价标准①。

马克思主义民生思想指出社会生产是实现民生的基础,因为"任一民族若停止生产活动几个星期也将灭亡"②。"现实的人"的需要只有通过有意识的生产才能得到满足,需要的无限性与生产能力的有限性矛盾正是推动人类民生改善的内在动因。因此,只有通过发展生产才能解决社会主要矛盾,以保障高质量的"普惠性"民生。

(二)基础性

1. 内容的基本性:保基本

马克思认为,"人类生存和创造历史的首个前提是能够生活,而生活的首个条件则是获得吃喝住穿和其他东西。"③ 因此为了让每一位社会成员都能得到基本的生活保障,国家通过整合公共财政和社会力量,建立完善基本公共服务均等化供给的社会服务体系,从最突出的问题着眼,在义务教育、基本医疗、养老、住房等诸多方面构建了一个完整的社会保障安全网,以满足社会成员的基本生存和发展需求。

由此可见,"基础性"的第一个含义是指民生建设内容满足需要层次和涉及公民权益的基础性程度。"保基本",保障的是人民最基本的生活需要及最基本的生存和发展权利。因此,我国民生建设提供的是基本公共服务,而非全部公共服务。基本公共服务指的是对社会公众的生存和发展具有基础性作用的服务,其本质是在特定发展阶段公共服务应当覆盖的最小范围和边

---

① 杨波. 论基本公共服务均等化的演进特征与变迁逻辑——基于 2006-2018 年政策文本分析 [J]. 西南民族大学学报(人文社科版), 2019, 40 (5): 96-202.
② 马克思恩格斯选集(第 4 卷)[M]. 北京:人民出版社, 2012: 473.
③ 马克思恩格斯选集(第 1 卷)[M]. 北京:人民出版社, 2012: 158.

界。随着经济社会发展水平提高和财政能力增强，基本公共服务范围可适当扩展。但在市场经济环境下，公民须通过参与劳动和市场竞争来实现自身全面的社会需求。

2. 标准的适度性：尽力而为，量力而行

马克思主义的社会发展理论认为，生产力水平和社会发展的成熟程度决定民生权利的实现状况和保障程度①。"由于人们的需求在社会中产生，对需求的衡量也须以社会为标准"②。概言之，从唯物史观的角度来说，民生的合理性判断应从社会一般生活水平衡量。

我国仍处于社会主义初级发展阶段，尚属发展中国家，人口众多，经济社会发展水平还不高，城乡之间、地区之间发展也不平衡，"要处理好发展经济和保障民生的关系，既要在经济发展的基础上不断加大保障民生力度，也不要脱离财力作难以兑现的承诺"③。因此民生建设应走"渐进式""增量式"发展道路，绝不能逾越经济基础，实行全民"高福利"，甚至产生"养懒汉"，争戴"贫困县"和"低保户"帽子的现象。必须立足基本国情，结合经济社会发展水平，确定适度的服务标准，尽力而为、量力而行，引导群众合理预期，使民生建设不仅不会成为经济发展负担，反而成为经济增长的动力。

我国基本公共服务是政府在特定经济社会发展条件下对多重目标权衡和优先排序的结果，其范围界定立足基本国情，考虑国家的经济发展水平，尤其是财政能力，以保障基本公共服务供给的可持续性。"'十三五'国家基本公共服务清单"依据人民基本生活与发展的需求，明确了各项目的保障水平、覆盖范围、实现程度等，任何人、任何地区不得缩小这个范围、减少项目或降低服务标准，切实保证了基本公共服务的质量水平，体现了对于改善和保障民生的"尽力而为"，同时合理适度的标准也体现了"量力而行"。

3. 民生服务重心下沉基层

党的十九大报告指出，打造共建共治共享的社会治理格局，要加强社区治理体系建设，推动社会治理重心向基层下移④，充足且高质量的人、财、物等

---

① 杨聪敏. 民生权利的马克思主义新解读 [J]. 探索，2008（4）：165-168.
② 马克思恩格斯选集（第1卷）[M]. 北京：人民出版社，2012：345.
③ 《求是》杂志发表习近平总书记《在党的十八届五中全会第二次全体会议上的讲话（节选）》[EB/OL]，新华网，http://www.xinhuanet.com/politics/2015-12/31/c_1117633547.html.
④ 习近平. 决胜全面建成小康社会 夺取新时代中国特色社会主义伟大胜利——在中国共产党第十九次全国代表大会上的报告 [M]. 北京：人民出版社，2017.

第三章 "普惠性、基础性、兜底性民生"的本质特征

资源是基层民生建设的基础。因此,国家往基层投入更丰富且优质的人力、物力、财力、技术,着力开展基层公共服务能力建设,通过简化办事手续、优化服务流程等方式提升基层民生服务水平。这也是"基础性"民生的体现。

具体而言,在基本社会服务方面,提升社区卫生服务机构的医疗服务水平,开展社区居家养老服务能力建设,促进医养结合模式发展。同时,推进乡镇政府以及街道办事处等基层服务机构搭建社会救助服务平台,建设社会救助经办服务体系,提升基层社会救助经办服务能力。此外,为了促进城乡区域均等化,在山区、草原等地区建立教学点,提供卫生巡诊等便民服务。以上实践均表明民生服务重心向基层下沉。

(三)兜底性

法律主体的能力分为权利能力和行为能力。人人享有权利能力,但受到先天与后天等条件的约束,"失能"和"低能"的人行使权利时通常遭受许多限制。保障人民的基本生活是政府的应尽之责,我国的社会主义国家性质更是决定了政府责任的不可替代。由此政府应对弱势群体施以救济,确保行为能力和权利能力的统一。

马克思主义民生思想同样指出,国家主要通过分配社会总产品的方式开展民生建设,利益分配是实现民生的关键。马克思在《哥达纲领批判》中指出,在共产主义社会,社会总产品应先扣减一部分进行集中分配用来改善民生,如实现全民共同的需求以及为失去劳动能力的人群建立基金等,然后再进行个人分配。现代国家的分配功能主要表现为再分配。"社会政策要托底"是"十三五"规划时期贯彻落实新发展理念、适应把握引领经济发展新常态的五大政策支柱之一。由此,国家开展完善民生建设,统筹各领域资源向贫困地区、薄弱环节以及重点人群倾斜。"'十三五'国家基本公共服务清单"选择项目时明确兜底保障导向,旨在保障公民的基本生存和发展权,同时引导群众主动积极参与经济社会生活,推动实现参与机会的平等。

通过以上理论和政策梳理可见,在民生领域,"兜底"指政府制定政策保障困难群众基本的生产生活需求。而民生建设的"兜底性"又具体体现在最低工资制度、社会救助和精准扶贫三方面。

1. 最低工资制度

就业是民生之基,参与社会生产并在社会分配中获得劳动报酬是保障人生存和发展最基本的形式。马克思的最低工资学说认为,劳动力价值的最低限度

是"维持生存必需的生活资料的价值",倘若劳动力价格未能达到该限值,"劳动力将会逐渐萎缩"此外,为了扩大再生产,"劳动力生存所需的生活资料须包含其子女的生活资料"①。因此,劳动者获得的工资至少应维持其自身生活以及延续其后代发展。

我国《最低工资规定》于2003年12月30日经劳动和社会保障部第7次部务会议通过,自2004年3月1日起施行。最低工资标准指劳动者在法定工作时间或依法签订的劳动合同约定的工作时间内提供了正常劳动的前提下,用人单位依法应支付的最低劳动报酬。作为政府调整劳动者收入的政策工具,该制度旨在保障劳动者的基本生存和发展,具有兜底性质。2017年《"十三五"促进就业规划》提出"完善劳动标准体系。全面实行劳动合同制度。推行集体协商和集体合同制度。完善协调劳动关系三方机制。健全最低工资增长机制,建立统一规范的企业薪酬调查和信息发布制度,完善企业工资决定和正常增长机制、工资支付保障长效机制"。《"十三五"推进基本公共服务均等化规划》中也提及健全最低工资增长机制以保护劳动权益。《最低工资规定》提出,最低工资标准的确定和调整方案,"应参考当地就业者及其赡养人口的最低生活费用、城镇居民消费价格指数、职工个人缴纳的社会保险费和住房公积金、职工平均工资、经济发展水平、就业状况等因素",由省、自治区、直辖市人民政府劳动保障行政部门会同同级工会、企业联合会/企业家协会研究拟订,并将拟订的方案报送劳动保障部;通常每两年调整一次。2020年上海、北京、广东、天津、江苏、浙江6省份的第一档月最低工资标准超过2000元,其中,上海最高为2480元。我国最低工资制度尽管还有很多不完善,但有利于提高中低收入人群的生活水平、缩小贫富差距和扩大再生产,兜住了"劳有所得"的民生底线。

2. 社会救助

2014年2月,作为我国第一部统筹各项社会救助制度的行政法规《社会救助暂行办法》出台,建立起了以最低生活保障为基础,医疗、教育、住房、就业、特困人员、受灾人员救助等专项救助为衔接,临时救助为兜底,社会力量为补充的"8+1"社会救助体系。《"十三五"推进基本公共服务均等化规划》中也明确基本社会服务制度包含最低生活保障、特困人员救助供养、医疗救助、老年人福利补贴、农村留守儿童关爱保护等13个项目。

---

① 马克思恩格斯选集(第2卷)[M]. 北京:人民出版社,2012:166-167.

第三章 "普惠性、基础性、兜底性民生"的本质特征

实行最低生活保障制度兜底,指的是地方政府基于物价水平、消费水平、地方财力等综合因素,设定一个维持居民基本生活的标准,当居民家庭人均收入水平低于该标准时可以获得政府救助。我国的最低生活保障制度只针对城镇居民,1997年9月2日国务院下发了《关于在全国建立城市居民最低生活保障制度的通知》,该通知规定,城市居民最低生活保障制度的保障对象是家庭人均收入低于当地最低生活保障标准的、持有非农业户口的城市居民,主要对象是以下三类人员:一是无生活来源、无劳动能力、无法定赡养人或抚养人的居民;二是领取失业救济金期间或失业救济期满仍未重新就业,家庭人均收入低于最低生活保障标准的居民;三是在职人员和下岗人员在领取工资、基本生活费后以及退休人员领取退休金后,其家庭人均收入仍低于最低生活保障标准的居民。2002年党的十六大提出"有条件的地区探索建立农村低保制度",2007年中央一号文件(即《中共中央国务院关于积极发展现代农业扎实推进社会主义新农村建设的若干意见》)又明确提出,要在全国范围建立农村最低生活保障制度。截至2007年底,全国31个省区市的所有涉农县(市、区)都出台了农村低保政策,普遍建立和实施了农村最低生活保障制度,我国最低生活保障从仅针对城市居民到覆盖所有城乡居民。

除此之外,为了让困难人群过上有尊严的生活,政府加大了对其特殊需求的满足力度,不断完善医疗、住房、教育、就业等方面的专项救助体系,相继出台大病医疗救助政策,经济适用房、廉租房等保障房援助政策,贫困助学政策,就业培训与安置政策,临时救助政策等,构筑了一道托底性社会保障安全网。凡是在"生老病死""衣食住行"等基本生存需求和基本医疗服务、义务教育等最基本的社会权利,以及防范重大社会风险和事故等方面,社会救助基本上能起到兜底的作用。

马克思主义民生思想的人文体现在关注弱势群体的生存境遇和发展命运[1]。他关心儿童的成长,提出将教育与生产劳动相结合的思想。对于年老、疾病、怀有身孕而无法参与劳动的人,他认为国家应把劳动总产品在进行分配之前扣除部分费用以设立基金来解决该人群的生活保障问题。我国民生建设过程也体现了对特殊群体的关怀。例如,逐步完善救助管理机构、福利机构场所设施条件;在农村地区充分利用闲置资源开展托老、托幼等关爱服务;健全困境儿童福利保障体系等。

---

[1] 苑芳江,王婷.论马克思的民生思想及其当代价值[J].科学社会主义,2013(2):132-135.

3. 精准扶贫

贫困救助体现了社会福利理论中的选择主义目标定位，旨在保护社会最少受惠者的最大利益。选择主义者认为人们面临的社会风险是不同的，政府应把救助资源集中在那些无法养活自己并且理由充分的弱势人群身上。我国的兜底性民生建设具有选择主义的特征，获得扶贫救助的人需达到一定的门槛条件，但不带有英国早期社会救济的歧视性与污名效应，而是旨在使困难人群跟上社会发展步伐，体现了"发展成果由人民共享"的理念。

对于农村贫困地区而言，精准扶贫是政府"兜底"的一个有效手段。精准扶贫是粗放扶贫的对称，是指针对不同贫困区域环境、不同贫困农户状况，运用科学有效程序对扶贫对象实施精确识别、精确帮扶、精确管理的治贫方式。我国扶贫工作已有 30 余年历史，获得了很大成就，但仍存在贫困人员数量与情况掌握模糊、扶贫举措针对性不够等问题。2013 年 11 月 3 日，习近平在湖南省湘西州花垣县排碧乡十八洞村调研扶贫攻坚时提出，"要从实际出发，因地制宜，精准扶贫，切忌喊口号，也不要定好高骛远的目标"①。2014 年 5 月国家扶贫办提出建立精准扶贫工作机制，随后 2015 年 11 月、2016 年 11 月和 2018 年 8 月发布的《关于打赢脱贫攻坚战的决定》《"十三五"脱贫攻坚规划》和《关于打赢脱贫攻坚战三年行动的指导意见》中均明确了新时代扶贫精准方略。精准扶贫严格按照扶贫对象、项目安排、资金使用、措施到户、因村派人、脱贫成效"六个精准"要求，通过建档立卡等制度实现贫困人口精准识别，经过其贫困原因和具体需求的仔细剖析制定开展有针对性的扶贫举措。此外，对于集中连片特困地区、革命老区等地，加大扶贫力度，推动其基本公共服务主要领域指标接近全国平均水平。

二、"普惠性、基础性、兜底性民生"的外延

"普惠性、基础性、兜底性民生"是一个完整的体系，涉及教育、就业、医疗、养老、居住、扶贫扶弱。

（一）广义的民生外延

党的十九大报告指出"民生领域还有不少短板，脱贫攻坚任务艰巨，城乡

---

① 王琦. 科学把握精准扶贫的三个阶段 [N]. 光明日报，2016-06-15（013）.

第三章 "普惠性、基础性、兜底性民生"的本质特征

区域发展和收入分配差距依然较大,群众在就业、教育、医疗、居住、养老等方面面临不少难题"①。于是党的十七大报告在"学有所教、劳有所得、病有所医、老有所养、住有所居"这一民生建设目标的基础上增加了"幼有所育"和"弱有所扶"两个目标。民生"七有"的建设目标彰显了中国共产党对"以人民为中心"发展思想的遵循和对"共享"发展理念的践行。

在关于人民日益增长的美好生活需要方面,2012年12月习近平提出,"我们的人民热爱生活,期盼有更好的教育、更稳定的工作、更满意的收入、更可靠的社会保障、更高水平的医疗卫生服务、更舒适的居住条件、更优美的环境,期盼孩子们能成长得更好、工作得更好、生活得更好"②。2017年7月习近平在这一基础上又添加了"更丰富的精神文化生活"③。民生"八更"揭示了新时代人民对物质文化的需要全面升级,希望水平更高、质量更好,并且期盼享有自由、丰富的精神生活,以实现自身全面发展。

人民的"美好生活需要"相较"物质文化需要"内容更丰、跨域更广、层次更多、追求更高④。正如党的十九大报告强调,"人民美好生活需要日益广泛,不仅对物质文化生活提出了更高要求,而且在民主、法治、公平、正义、安全、环境等方面的要求日益增长。"报告还提出了"使人民获得感、幸福感、安全感更加充实、更有保障、更可持续"的目标。可见,相较于物质文化需要这些客观"硬需要",民生"三感"可视为基于民主法治、公平正义等内容衍生的主观"软需要"⑤。由此,新时代人民日益增长的美好生活需要除了涵盖教育、就业、医疗、养老、居住等基本民生诉求,还体现在对民主法治、公平正义、安全环境等更高层级的诉求上。

广义的民生包含教育(幼有所育、学有所教)、就业(劳有所得)、医疗(病有所医)、养老(老有所养)、居住(住有所居)、扶贫救助(弱有所扶)、精神文化、民主、法治、公平、正义、安全、环境等。根据马克思主义民生思想,"新生产部门的这种创造……是发展各种生产的一个不断扩大的体系,与

---

① 《求是》杂志发表习近平总书记《在党的十八届五中全会第二次全体会议上的讲话(节选)》[EB/OL],新华网,http://www.xinhuanet.com/politics/2015-12/31/c_1117633547.html.
② 习近平.习近平谈治国理政(第1卷)[M].北京:外文出版社,2014.
③⑤ 习近平.习近平谈治国理政(第2卷)[M].北京:外文出版社,2017.
④ 郑功成.习近平关于民生系列重要论述的思想内涵与外延[J].国家行政学院学报,2018(5):8+5.

"普惠性、基础性、兜底性民生"建设研究

之相适应的是需要的一个不断扩大的体系"①。民生需要并不是一个既定的封闭体系,而是随着生产的发展而不断丰富的开放性体系。随着时代的发展,广义的民生体系会将民主法治、公平正义、安全环境等纳入其中。而且民生项目的质量将不断提高,追求"幼有善育、学有优教、劳有厚得、病有良医、老有颐养、住有宜居、弱有众扶"②。广义的民生建设目的是提高人民"获得感、幸福感、安全感",由此民生"三感"是从"结果端"对广义的民生建设成效进行考察。

(二)"普惠性、基础性、兜底性民生"外延

中共十九届四中全会提出民生"七有",即"幼有所育、学有所教、劳有所得、病有所医、老有所养、住有所居、弱有所扶",更强调民生的普惠性、基础性和兜底性。

民生具有层次性,马克思主义民生思想将人的民生需要划分为生存需要、享受需要和发展需要三个层次。马克思指出:"必要的需要就是本身归结为自然主体的那种个人的需要。"③ 生存需要是最基本的民生需要,但"人不仅为生存而斗争,而且为增加自己的享受而斗争。"④ 享受需要是对更好的生存条件和生活质量的需要。发展需要则是民生需要的最高层次,体现了人对自由全面发展的追求。底线公平理论同样认为,要保障人民最基本的生活条件与生存和发展权利,这是社会成员生活于社会的"底线",包括解决温饱的需求(生存需求)、基础教育的需求(发展需求)以及公共卫生和医疗救助的需求(健康需求)⑤。

综上所述,"普惠性、基础性、兜底性民生"的外延从民生"七有"的角度来界定,它涵盖了在现代社会作为人的基本需求,包括基本生存需求、基本发展需求、基本健康需求。国际上通常的社会福利体制包含社会保障、社会救助、社会服务,而"普惠性、基础性、兜底性民生"体系在这一基础上增加了就业创业、劳动关系协调等,社会服务的内容也更丰富,如将普惠性幼教纳入

---

① 马克思恩格斯选集(第2卷)[M].北京:人民出版社,2012:715.
② 綦伟.幼有善育住有宜居……打造民生幸福标杆,深圳市委提出这些实招[EB/OL].人民网-深圳频道,https://m.sohu.com/a/341744620_780216.
③ 马克思恩格斯全集(第46卷(下)[M].人民出版社,1980:20.
④ 马克思恩格斯全集(第46卷(上)[M].人民出版社,1979:28.
⑤ 景天魁.社会保障:公平社会的基础[J].中国社会科学院研究生院学报,2006(6):16-22.

第三章 "普惠性、基础性、兜底性民生"的本质特征

了其中。因此，相比社会福利体制，"普惠性、基础性、兜底性民生"体系是"大社会福利"体制，体现了我国"以人民为中心"的执政理念。

第二节 "普惠性、基础性、兜底性民生"的本质与特征

"普惠性、基础性、兜底性民生"是对马克思主义民生思想的发展，具有公平、共享、可持续等特征。

一、"普惠性、基础性、兜底性民生"的本质

"普惠性、基础性、兜底性民生"的本质是坚持以人民为中心，这是在吸收了全人类文明成果的基础上对马克思主义民生思想的发展和创新。

（一）坚持以人民为中心

"普惠性、基础性、兜底性民生"建设坚持以人民为中心的发展思想，致力于满足人民的美好生活需求，促进人的全面自由发展。

为中国人民谋幸福是共产党人的初心和使命。长期以来，从"全心全意为人民服务"的宗旨到"共同富裕"的发展目标，从"始终代表最广大人民根本利益"的重要思想到"以人为本"的发展理念，都表明了党对于人民利益至上的价值追求。但每一时代都面临不同发展阶段的时代课题，例如，中华人民共和国成立后强调"发展的紧迫性"，改革开放后提出"以经济建设为中心"。21世纪前我国主要通过做大国民经济财富"蛋糕"来改善民生，民生建设并未放到国家发展更加重要的位置。

21世纪以来，民生问题越来越受到重视。自"和谐社会"建设始，民生就成为国家发展战略，党的十七大报告更明确提出民生"五有"。进入新时代，中共十八届五中全会首次提出"以人民为中心"的发展思想，在党的十九大报告中更是把"坚持以人民为中心"作为中国特色社会主义的一个基本方略进行系统论述，这是对多年来坚持"以经济建设为中心"发展思路的重要补充，也体现了对党的实践经验的总结和基本理论的重大创新。

"普惠性、基础性、兜底性民生"建设研究

"普惠性、基础性、兜底性民生"建设充分展现了发展为了人民,发展的成果由人民共享,以及发展的效果由人民检验。从发展的根本目的来看,党的十九大报告提到"增进民生福祉是发展的根本目的",而"普惠性、基础性、兜底性民生"建设正是致力于满足人民"幼有所育、学有所教、劳有所得、病有所医、老有所养、住有所居、弱有所扶"等日益增长的美好生活需求;从发展的价值取向来看,"普惠性、兜底性、基础性民生"建设努力解决百姓最关心、最直接、最现实的问题,并且强调通过社会救助和精准扶贫等方式重点关注困难人群的生产和生活,体现了发展成果由人民共享的社会主义本质要求;从发展的效果检验来看,"普惠性、基础性、兜底性民生"建设为人民群众筑起一道抵御风险的坚强屏障,并且通过合理引导预期,避免群众产生心理落差,始终以增强人民的获得感、幸福感、安全感为目的。

(二)发展和创新马克思主义民生思想

"普惠性、基础性、兜底性民生"建设思路是结合我国国情、吸纳全人类文明成果的基础上对马克思主义民生思想的创新。

在社会主义主要矛盾发生变化的历史阶段,"普惠性、基础性、兜底性民生"建设思路吸收了马克思主义民生思想的许多有益养分并对其进行创新。首先,坚持以人民为中心,基于公民权为全体人民提供普惠性的民生服务,着力解决人民最关心、最直接、最现实的问题,充分体现了人民性这一马克思主义最鲜明的品格。其次,立足于社会主义共同富裕的本质,通过制度安排促进民生建设在城乡、区域、人群间的均等化,保证人民平等参与、平等发展权利。但与此同时,承认个人之间合理适度的福利差别,以激发个人劳动积极性。此外,民生建设内容不断拓展,重视人民的精神文化需求,并逐步向民主法治等多方面拓展,不断促进人的全面发展。

"普惠性、基础性、兜底性民生"建设思路不仅汲取了马克思主义民生思想,还吸取了中国古代民本思想及孙中山三民主义思想的养分,吸收了社会福利理论和新公共服务理论的内容。

具体而言,中国古代"仁政爱民"的民本思想对"普惠性、基础性、兜底性民生"建设具有借鉴意义。例如,通过社会救助和精准扶贫进行"社会政策兜底"以及提供均等化的基本公共服务体现了儒家的"扶弱济困""平均损益"等策略。孙中山认为,"建设之首要在民生","民生就是政治的中心,就是经济的中心和种种历史活动的中心";人有"衣食住行"四种需求,并提出

第三章 "普惠性、基础性、兜底性民生"的本质特征

"不仅要让这四种需求价格非常便宜,而且应使全体人民均可享受……一定要国家来负担这种责任"①。这一思想体现为民生建设惠及全体人民,并发挥政府保基本的作用。

此外,社会福利理论中的普遍主义与选择主义福利思想分别为"普惠性"和"兜底性"民生建设提供了理论基础。普遍主义福利思想基于公民权,认为人人都应公平地获得公共服务。基于此,"普惠性"民生建设力图惠及全体人民,同时强调保障内容的基本性与保障标准的适度性,这有利于在普惠于民的同时坚持可持续发展。选择主义福利思想认为福利应根据个人需求决定,基于此在"兜底性"民生建设中,获得扶贫救助的人需达到一定条件,体现了正义的差别原则。但是"兜底性"民生建设也在该思想基础上发展,不带有英国早期社会救济的歧视性与污名效应,而是强调发展成果由全民共享。

此外,新公共服务理论也为"普惠性、基础性、兜底性民生"建设带来启发。第一,该理论强调政府"服务者"角色与公民权利,正体现了"普惠性、基础性、兜底性民生"建设坚持以人民为中心的根本立场;第二,该理论强调公平与效率平衡发展,首先体现为我国当前注重民生建设与经济建设同步发展,同时也表现为力图通过提供均等化的基本公共服务等制度缩小城乡、区域、人群间的差距;第三,该理论强调有责任实现"公共利益聚合",这正与"兜底性"民生建设中,通过社会救助和精准扶贫等方式保障困难群体的基本生存和发展权利不谋而合。

综上,"普惠性、基础性、兜底性民生"建设不仅与中国新时代背景高度契合,而且广泛吸收了人类文明成果,构成了21世纪马克思主义民生思想中国化的新内涵。

二、"普惠性、基础性、兜底性民生"的特征

"普惠性、基础性、兜底性民生"相比以往的民生思想及社会福利思想,具有哪些特征?

(一)公平

民生领域,公平是指不论性别、民族、地域等因素,全体社会成员都享有

---

① 孙中山全集(第9卷)[M].北京:中华书局,1986:377.

相应的社会福利和平等发展权利。公平正义是中国特色社会主义的内在要求。党的十七大报告就提出,"树立社会主义民主法治、自由平等、公平正义理念"的任务,积极探索维护社会公平正义。党的十八大以后,习近平多次提及要"在发展中补齐民生短板、促进社会公平正义""让发展成果更多更公平惠及全体人民"。新时代社会主要矛盾转变,因此在做大经济发展"蛋糕"的同时,也要通过更有效的民生制度安排以分好"蛋糕",使人民的获得感、幸福感、安全感更加完善、有保障和可持续。

"普惠性、基础性、兜底性民生"建设采取底线公平模式,凸显了社会公平和正义。一方面,其对象是全体社会成员,认为享有民生服务是公民的基本权利,具有普惠性特征。且机会均等作为起点上的公平是社会公平体系的第一要义,因此通过提供均等化的基本公共服务,减少城乡、区域、群体之间的福利获取机会不平等以及由此衍生的过程和结果不平等问题。与此同时,承认每个人的不同能力并为其创造平等的机会,使其发挥能力以获得相应的富足生活。这同样体现了公平的特征。

另一方面,底线公平也是"保基本""兜底线"层面的公平,它保障的是人民最基本的生活条件与生存发展权利,包括解决温饱的需求、基础教育的需求以及公共卫生和医疗救助的需求。社会公正的实现在很大程度上取决于最穷困者能够获得多少福利,在多大程度上能缩小其与富裕者的差距,以及能否保障其过上体面的生活①。"普惠性、基础性、兜底性民生"建设正是政府通过社会救助、精准扶贫等手段对困难人群进行适度照顾,使其在资源分配上获得合理补偿。

(二)共享

胡锦涛提出,"发展为了人民,发展依靠人民,发展成果和人民共享"②。中共十八届五中全会提出的"共享"发展理念,包含全民共享、全面共享、共建共享和渐进共享四个方面,点明了发展的民生导向③。

首先,"普惠性、基础性、兜底性民生"建设扩大了民生辐射范围,使每一位社会成员都能增强获得感。其中,困难人群得到的效用更高且更直接,同

---

① 龚子方.阶层考量:中国福利制度设计的选择[J].中共福建省委党校学报,2016(4):71-78.
② 胡锦涛.在学习《江泽民文选》报告会上的讲话[N].人民日报,2006-08-16(1).
③ 韩喜平,孙贺.共享发展理念的民生价值[J].红旗文稿,2016(2):15-18.

第三章 "普惠性、基础性、兜底性民生"的本质特征

时其他人群也能分享到诸如社会秩序稳定、人力资本提升等益处。"普惠性、基础性、兜底性民生"建设还致力于为不同区域的人群提供均等化的基本公共服务，使发展成果不分地区、行业与城乡等比回流至民生建设以减少其差异。以上均体现了全民享有特征。其次，"普惠性、基础性、兜底性民生"建设涉及教育、就业、医疗、养老、居住、扶贫等多方面，还关心人民精神文化需求，充分体现了全面共享特征。此外，"普惠性、基础性、兜底性民生"建设立足国情确定适度的服务标准，尽力而为、量力而行，保障人民最基本的生存发展权利。同时通过承认个人间合理适度的福利差别引导其加入到社会建设中来，均体现了渐进共享特征。

马克思主义公平正义观的核心要点在于合理分配劳动果实，共享社会发展成果。综上，体现了共享性特征的"普惠性、基础性、兜底性民生"建设正展示了恩格斯所言的"结束牺牲一些人的利益来满足另一些人的需要的状况"，使"所有人共同享受大家创造出来的福利"[①] 的社会发展图景。

（三）可持续

可持续性指民生服务项目能永续开展，关键是资源能够持续保障。这不但可以保障人民的稳定预期，也展示了国家治理能力。"保障和改善民生是一项长期工作，要实现经济发展和民生改善良性循环"[②]，民生建设要坚持可持续性。

鉴于民生建设的长期性，其项目设置和标准制定均须遵循福利刚性原则，即只能上、不能下的特征。"普惠性、基础性、兜底性民生"建设立足我国国情，坚持"保基本"的原则，采取底线公平模式，科学慎重地确定服务项目和标准。尽力而为、量力而行，合理引导社会预期，避免高福利预期对社会政治秩序带来冲击，从而保障民生建设的可持续性，使其成为经济增长的动力。

此外，"普惠性、基础性、兜底性民生"建设的最终目的是塑造全面自由发展的个人。物质与精神统一发展对于实现人的可持续发展具有重要作用。"普惠性、基础性、兜底性民生"建设的内容随着社会的发展进步与民生诉求的升级向更广阔的领域延伸，不仅不断扩展项目内容，提供更多高质量、多样化的民生服务，而且将人民的精神文化需求考虑进来，推动民生需要体系向更高水平迈进，不断促进人的全面发展。

---

① 马克思恩格斯选集（第1卷）[M]．北京：人民出版社，1995：156．
② 习近平．改善民生没有终点站[N]．天津日报，2013-06-02．

第四章 "普惠性、基础性、兜底性民生"现状分析

第一节 民生整体现状研究

民生建设现状研究的主要任务就是要发现问题、找出短板,探索政策顶层设计(应然)与实际(实然)存在的差距,为民生建设提出有针对性的对策建议打基础。

一、民生投入分析

2003年,中国的人均国内生产总值(GDP)首次突破1000美元。经济能否继续发展,达到人均3000美元的中等收入水平,并进而跨过中等收入陷阱,经济社会健康发展,这是我国选择发展战略面临的重大问题。2004年9月19日,第十六届中央委员会第四次全体会议上正式提出了"构建社会主义和谐社会",这意味着我国发展战略的调整。2006年10月,中共十六届六中全会审议通过的《中共中央关于构建社会主义和谐社会若干重大问题的决定》。我国"十一五"规划(2006~2010年)提出经济社会发展的主要目标之一:"基本公共服务明显加强。国民平均受教育年限增加到9年。公共卫生和医疗服务体系比较健全。社会保障覆盖面扩大,城镇基本养老保险覆盖人数达到2.23亿人,新型农村合作医疗覆盖率提高到80%以上。贫困人口继续减少。防灾减灾能力增强,社会治安和安全生产状况进一步好转"。"十二五"规划(2011~2016年)进一步提出:"坚持把保障和改善民生作为加快转变经济发展方式的根本出发点和落脚点。完善保障和改善民生的制度安排,把促进就业放在经济

第四章 "普惠性、基础性、兜底性民生"现状分析

社会发展优先位置,加快发展各项社会事业,推进基本公共服务均等化,加大收入分配调节力度,坚定不移走共同富裕道路,使发展成果惠及全体人民"。

自2007年以来,我国民生投入持续增加。表4.1显示了中国民生财政支出的规模以及各项支出在政府财政支出和GDP中所占的比重,可以看出:①民生财政支出规模的总体增幅明显。民生财政支出规模从2007年14559.44亿元,扩展到2018年81611.48亿元,年均增长率为46.71%。②民生财政支出占GDP的比重增幅稳中有升。民生财政支出占GDP的比重从2007年5.00%上升到2018年9.06%。③民生财政支出占财政支出的比重增幅趋缓。民生财政支出占财政支出的比重从2007年29.25%变为2018年36.94%,2009~2012年民生财政支出占财政支出的比重增幅明显,2017年达到最高值,2013年后民生财政支出占财政支出的份额比例趋稳。

表4.1 2007~2018年民生财政支出及各分项的支出情况

单位:亿元,%

年份	GDP	财政支出	民生财政支出总量①	教育支出	社会保障和就业支出	医疗卫生支出	住房保障支出	民生/GDP	民生/财政
2007	270232.3	49781.35	14559.44	7122.32	5447.16	1989.96	—	5.00	29.25
2008	319515.5	62592.66	18571.54	9010.21	6804.29	2757.04	—	5.81	29.67
2009	349081.4	76299.93	22764.38	10437.54	7606.68	3994.19	725.97	6.52	29.84
2010	413030.3	89874.16	28861.7	12550.02	9130.62	4804.18	2376.88	6.99	32.11
2011	489300.6	109247.79	37856.93	16497.33	11109.4	6429.51	3820.69	7.74	34.65
2012	540367.4	125952.97	45552.35	21242.1	12585.52	7245.11	4479.62	8.43	36.17
2013	595244.4	140212.1	49252.75	22001.76	14490.54	8279.9	4480.55	8.27	35.13
2014	643974	151785.56	54231.09	23041.71	15968.85	10176.81	5043.72	8.42	35.73
2015	689052.1	175877.77	63040.77	26271.88	19018.69	11953.18	5797.02	9.15	35.84
2016	744127.2	187755.21	69599.21	28072.78	21591.45	13158.77	6776.21	9.35	37.07
2017	820754.3	203330.03	75767.98	30153.18	24611.68	14450.63	6552.49	9.23	37.26
2018	900309.5	220904.13	81611.48	32169.47	27012.09	15623.55	6806.37	9.06	36.94

资料来源:EPS DATA,中国财政税收数据库。

---

① 民生财政支出是民生财政中具体用于服务民生理念的支出方式,其根本支出目的在于直接或间接改善民生,实现公共利益最大化,一般指财政支出中用于教育、住房、医疗卫生以及就业和社会保障等民生领域方面的支出。

"普惠性、基础性、兜底性民生"建设研究

具体来说，教育支出是民生财政支出中规模最大的项目，如表4.2所示。2007~2018年，教育支出占财政支出的比例稍有增加，但是变化并不明显，在2012年达到了峰值，占比为16.87%，在此之后所占比例逐年下降。在教育支出占GDP的比例上，由2007年的2.64%上升为2018年的3.57%，平均年增长速度为11.27%。同样，2012年教育支出在GDP的占比达到峰值，在之后的年份呈现整体降低的趋势。2007年我国的教育人口为33862.48万人，占总人口的25.76%，2018年我国的教育人口为32207.69人，占总人口的24.02%，平均年变化率为14.50%。人均教育经费① 2007年为2103.31元，2018年为9988.13元，增长了374.88%。

表4.2 民生各项支出占财政支出和GDP的比例　　　　单位:%

年份	教育支出/财政支出	教育支出/GDP	社会保障和就业支出/财政支出	社会保障和就业支出/GDP	医疗卫生支出/财政支出	医疗卫生支出/GDP	住房保障支出/财政支出	住房保障支出/GDP
2007	14.31	2.64	10.94	2.02	4.00	0.74	—	—
2008	14.39	2.82	10.87	2.13	4.40	0.86	—	—
2009	13.68	2.99	9.97	2.18	5.23	1.14	0.95	0.21
2010	13.96	3.04	10.16	2.21	5.35	1.16	2.64	0.58
2011	15.10	3.37	10.17	2.27	5.89	1.31	3.50	0.78
2012	16.87	3.93	9.99	2.33	5.75	1.34	3.56	0.83
2013	15.69	3.70	10.33	2.43	5.91	1.39	3.20	0.75
2014	15.18	3.58	10.52	2.48	6.70	1.58	3.32	0.78
2015	14.94	3.81	10.81	2.76	6.80	1.73	3.30	0.84
2016	14.95	3.77	11.50	2.90	7.01	1.77	3.61	0.91
2017	14.83	3.67	12.10	3.00	7.11	1.76	3.22	0.80
2018	14.56	3.57	12.23	3.00	7.07	1.74	3.08	0.76

资料来源：作者依据EPS DATA、中国财政税收数据库整理。GDP数值统一使用当年价计算，2012年国内生产总值当年价为540367.40亿元，不变价为487976.20亿元，若使用不变价计算，当年的财政性教育支出占GDP比例则为4.35%，超过4%。

---

① 人均教育经费=教育支出/教育人口。

第四章 "普惠性、基础性、兜底性民生"现状分析

社会保障和就业支出是政府财政用于民生领域支出的第二大领域。2014~2018年总共花费了108202.76亿元,2010~2014年为63284.93亿元,比上一个五年增长了1.71倍。2018年全国财政支出中用于社会保障和就业支出27012.09亿元,占政府财政支出的比例为12.23%,占国内生产总值的比例为3.00%。社会保障和就业支出一直呈现稳定上升的趋势,在GDP占比当中,2014~2016年是快速增长的阶段,由2.48%上升为2.90%,涨幅0.42个百分点,相当于2007~2014年的涨幅,2017年和2018年的增长情况比较稳定,均为3%。在国家财政支出的占比中,2009~2015年的支出水平要低于2007年和2008年,2016~2017年是快速增长阶段,涨幅为0.6个百分点。根据2008年的统计口径,财政社会保障总支出包括财政对社会保险基金的补助,行政事业单位离退休、就业补助、城市居民最低生活保障,自然生活灾害救助[①]。从表4.3中可知,社会保障总支出由2013年的14490.54亿元增长为2017年的24612亿元,涨幅69.85%。在社会保障的各项支出中,社会保障总支出呈现出稳定上升的趋势,但是在财政社会保障中,财政对社会保险金的补助以及行政事业单位离退休的支出呈现大幅度增长态势,增长幅度分别为69.17%和136.22%。而财政在对就业补助、城市居民最低生活保障和自然灾害生活救助中,支出金额总体有所下降,下降幅度分别为0.68%、25.07%和20.30%。财政社会保障支出在财政总支出的占比中,对社会保险基金的补助在2017年较2016年有所下降,下降幅度为0.4个百分点,低于2015年水平。与此同时行政事业单位离退休支出占财政总支出的比重则呈现爆发式的增长,由2.8%增长为3.7%,涨幅0.9个百分点。就业补助、城市居民最低生活保障、自然灾害生活救助在财政总支出中所占的比重较2013年均有下降,近两年趋于稳定。

表4.3 社会保障各部分支出情况　　　　单位:亿元,%

年份	2013	2014	2015	2016	2017
财政总支出	140212.1	151785.56	175877.77	187755	203085
社会保障总支出	14490.54	15968.85	19018.69	21591	24612
财政对社会保险基金的补助	4403.14	5042.83	6596.19	7634.00	7449.00

[①] 指标来源于EPS DATA,中国财政税收数据库中的社会保障统计目录。

续表

年份	2013	2014	2015	2016	2017
行政事业单位离退休	3208.43	3668.01	4360.95	5235.00	7579.00
就业补助	822.56	870.78	870.93	785.00	817.00
城市居民最低生活保障	763.38	737.47	753.81	716.00	572.00
自然灾害生活救助	240.91	210.47	195.52	273.00	192.00
社会保障总支出占财政总支出比重	10.33	10.52	10.81	11.50	12.10
财政对社会保险基金的补助占财政总支出比重	3.14	3.32	3.75	4.10	3.70
行政事业单位离退休占财政总支出比重	2.29	2.42	2.48	2.80	3.70
就业补助占财政总支出比重	0.59	0.57	0.50	0.40	0.40
城市居民最低生活保障占财政总支出比重	0.54	0.49	0.43	0.40	0.30
自然灾害生活救助占财政总支出比重	0.17	0.14	0.11	0.10	0.10

资料来源：EPS DATA，中国财政税收数据库。

医疗卫生支出的规模逐年上升，2010～2014年为36935.51亿元，而在2014～2018年，总共花费了65362.94亿元，比上一个五年增长了1.77倍。2018年全国财政支出中用于医疗卫生支出15623.55亿元，占政府总支出的比例为7.07%，占国内生产总值的比例为1.74%。在GDP占比中，2007～2016年医疗卫生支出呈现稳定上升的趋势，2017与2018年有所下降。在财政支出的占比中，2017年要高于2018年，为7.11%，也达到了历年来的最高值。在增长曲线中，2013～2014年增长幅度最大，增长了0.79个百分点。

2009年，住房和城乡建设部发布了《关于印发〈城市低收入家庭住房保障统计报表制度〉的通知》。通知要求，今后将把住房保障统计工作情况作为规范化管理考核的内容纳入考核制度并进行通报[①]。2009～2018年总共支出了46859.52亿元用于住房保障，其中2014～2018年总共花费了30975.81亿元，2010～2014年总共花费了20201.46亿元，增长了1.53倍。2018年全国财政支出中住房保障支出6806.37亿元，占政府总支出的比例为3.08%，占国内生产总值的比例为0.76%。在GDP占比中，2009～2012年是增长速度较快，由0.21%增长为0.83%，涨幅6.2个百分点。2013～2014年呈现下降的趋势，并

---

① 中华人民共和国住房和城乡建设部．《关于印发〈城市低收入家庭住房保障统计报表制度〉的通知》[EB/OL]．http：//www.mohurd.gov.cn/wjfb/200805/t20080514_168154.html．

第四章 "普惠性、基础性、兜底性民生"现状分析

在之后逐渐上升,在 2016 年达到峰值,为 0.91%。2017 年和 2018 年有所下降,占比分别为 0.80% 和 0.76%。财政支出占比与 GDP 占比呈现了相同的趋势。张超等①认为,我国现阶段仍处于住房保障支出与经济发展水平"倒 U 形"曲线的前端,住房保障支出应当随着人均 GDP 的增长不断提高。但是 2012~2017 年,我国人均 GDP 增长了约 37.35%,住房保障支出水平不但没有提高,反而整体上略有下降。这表明我国住房保障支出远未达到适度水平,并没有跟上经济发展速度,亟须进一步提高。

图 4.1 和图 4.2 显示了民生各部分支出占政府财政支出比重以及 GDP 比重的变化。

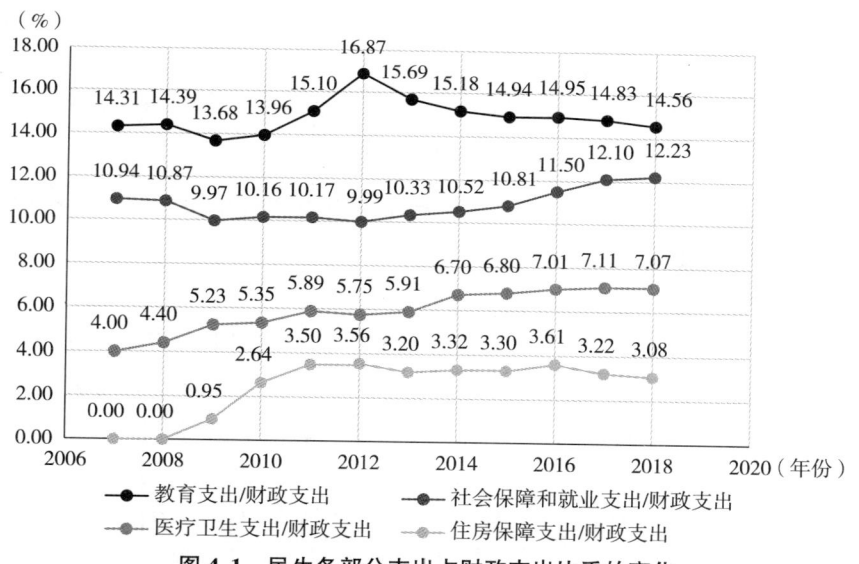

图 4.1 民生各部分支出占财政支出比重的变化

二、民生现状比较分析

(一)与国内预计的比较

根据朱青②对 2020 年我国民生财政支出结构的理想勾画,民生财政支出各

---

① 张超,黄燕芬,杨宜勇. 住房适度保障水平研究——基于福利体制理论视角 [J]. 价格理论与实践, 2018 (10): 20-25.

② 朱青. 关注民生:财政支出结构调整的方向与途径 [J]. 财贸经济, 2008 (7): 24-28+128-129.

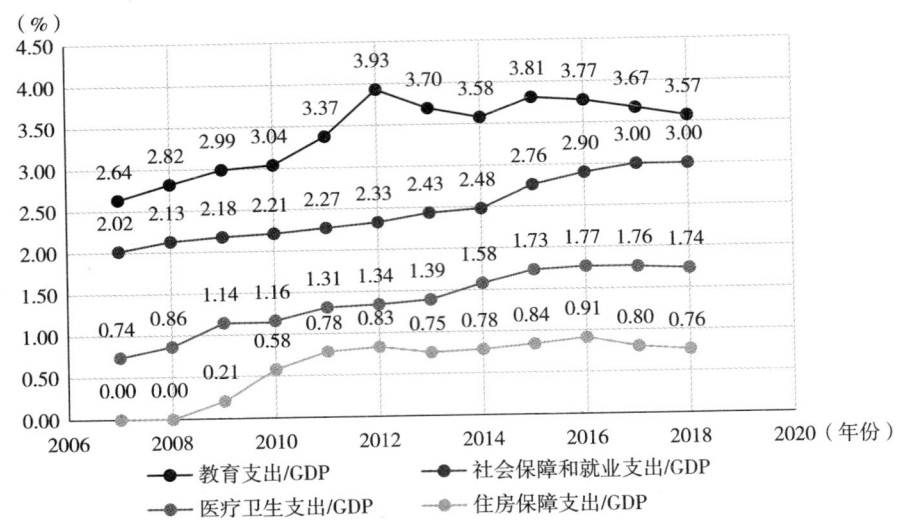

图 4.2　民生支出各部分占 GDP 比重的变化情况

分项的规模应该达到以下比重：第一，按照世界主要发达国家和发展中国家的经验，教育支出占财政支出比重应该达到 18%~20%，教育支出占国内生产总值的比重应该提高到至少不低于 5%的水平上。第二，鉴于我国到 2020 年人口老龄化会达到 8%~11.7%，加之目前我国社会保障又分散于很多预算科目中，五大社会保险并不包含在预算内的社会保障之中，社会保障支出比重达到财政支出比重 20%左右比较合适。第三，鉴于目前发达国家的医疗卫生支出一般占到财政支出的 10%以上，而此比重在发展中国家平均也都占到了 6%，所以到 2020 年我国医疗卫生支出达到 8%~10%的水平比较合适。第四，鉴于发达国家中用于低收入人群的住房保障支出占财政支出比重为 1%~3%，所以我国应该用至少不低于 2%的预算资金在廉租房建设上。随着贫困人口的减少，这部分比重也可以适度下调。

从表 4.2 的数据来看，2018 年教育支出占 GDP 的比重为 3.57%，占财政支出的比重为 14.56%；社会保障和就业支出占 GDP 的比重为 3.00%，占财政支出的比重为 12.23%；医疗卫生支出占 GDP 的比重为 1.74%，占财政支出的比重为 7.07%；住房保障支出占 GDP 的比重为 0.76%，占财政支出的比重为 3.08%。整体的支出水平与朱青构想的民生财政支出结构还存在一定的差距，尤其是教育和医疗卫生的支出，和发达国家也还存在较大的差距。

在政策设计上，教育、医疗卫生和社会保障等部门均对于"十三五"规划

第四章 "普惠性、基础性、兜底性民生"现状分析

期间要完成的目标进行了规划。

1. 教育

表4.4展示了教育事业发展和人力资源开发"十三五"规划期间的主要目标以及目前主要的完成情况。2015年,学前教育中在园幼儿数为4265万人,学前三年毛入园率为75%,预计2020年在园幼儿数应达到4500万人,毛入园率达到85%。从2019年实现情况来看,2019年在园幼儿数为4713.88万人,已提前完成2020年的目标。且近十年幼儿在园人数呈现稳定上升趋势,预计2020年会超过2019年的在园幼儿数。2019年学前三年毛入园率为83.4%,相比2015年增长8.4个百分点,以此增速来看,2020年应当能够完成85%的入园指标。九年义务教育阶段,2015年在校生14004万人,义务教育巩固率为93%,预计2020年达到15000万人,义务教育巩固率不低于95%。从2019年的实现情况来看,九年义务教育在校生人数为15400万人,超过15000万人目标。九年义务教育巩固率为94.8%,非常接近2020年95%的目标。

表4.4 教育事业发展和人力资源开发十三五规划期间的主要目标①

指标	2015年	2019年实现情况	2020年	属性
学前教育				
在园幼儿数(万人)	4265	4713.88	4500	预期性
学前三年毛入园率(%)	75	83.4	85	预期性
九年义务教育				
在校生(万人)	14004	15400	15000	预期性
巩固率(%)	93	94.8	95	约束性
高中阶段教育				
在校生(万人)	4038	3994.90	4130	预期性
其中:中等职业教育	1657	1576.47	1870	预期性
毛入学率(%)	87	89.5	90	预期性
高等教育				

---

① 2015年和2020年数据来源于中华人民共和国中央人民政府网站《国务院关于印发国家教育事业发展"十三五"规划的通知》,http://www.gov.cn/zhengce/content/2017-01/19/content_5161341.htm,2017-01-19;2019年数据来源于教育部网站《2019年全国教育事业发展统计公报》,http://www.moe.gov.cn/jyb_sjzl/sjzl_fztjgb/202005/t20200520_456751.html,2020-05-20。

续表

指标	2015年	2019年实现情况	2020年	属性
在学总规模（万人）	3647	4002	3850	预期性
在校生（万人）	3511		3680	预期性
其中：研究生（万人）（含全日制和非全日制研究生）	250 [191]	286.37	290 [230]	预期性
其中：普通本专科（万人）	2625	3031.53	2655	预期性
毛入学率（%）	40	51.6	50	预期性

注：（1）高等教育在校生含普通本专科、成人本专科、全日制和非全日制研究生在校生。
（2）[ ]内为全日制研究生在校生数。

高中阶段教育上，2015年在校生为4038万人，其中，中等职业教育人数为1657万人，毛入学率为87%，预计2020年在校生为4130万人，其中，中等职业教育人数为1870万人，毛入学率达到90%。从2019年的实现情况来看，2019年高中阶段在校生人数为3994.90万人，其中中等职业教育1576.47万人，毛入学率为89.5%。从在校生人数来看，是远远低于预期的，但是毛入学率却呈现增长的趋势，究其原因，很可能是存在辍学情况。从国家统计局的统计数据中可以发现，2015~2018年16~19岁高中文化程度就业人员占比由16.64%上升为20.78%，增长了4.14个百分点。按照我国6岁上一年级的标准来看，16~19岁正是应当读高中的年纪，这个年龄阶段就业人数的增长，从侧面反映了学生高中阶段辍学形势严峻的状况。

在高等教育上，2015年在学总规模为3647万人，其中全日制和非全日制研究生分别为250万人和191万人，普通本专科生2625万人，毛入学率为40%。预期2020年在学总规模为3850万人，其中全日制和非全日制研究生分别为290万人和230万人，普通本专科生2625万人，毛入学率为50%。从2019年的实现情况来看，在学总规模为4002万人，全日制研究生286.37万人，普通本专科生3031.53万人，毛入学率为51.6%，超过2020年预期目标。

总体而言，在教育事业发展上，按照目前的发展速度基本能够完成"十三五"规划的目标，但是仍需关注辍学的问题。2020年6月，教育部等10部门联合印发《关于进一步加强控辍保学工作健全义务教育有保障长效机制的若干意见》，聚焦控辍保学核心任务，持续开展控辍保学专项行动，全力保障教育的"起点公平"。在52个未摘帽贫困县辍学学生人数由8.2万人减少至433

第四章 "普惠性、基础性、兜底性民生"现状分析

人,下降了 99.5%,义务教育阶段学生辍学现象得到了关注,但是高中阶段的辍学现象也应加大关注。

2. 医疗

表 4.5 显示了"十三五"规划时期我国医疗卫生服务体系资源要素配置的主要指标,2013 年我国每千常住人口医疗卫生机构床位数为 4.55 张,预期 2020 年为 6 张。2013 年,每千常住人口医院床位数为 3.56 张,其中,公立医院为 3.04 张,公立医院中省办及以上医院为 0.39 张,市办医院为 0.79 张,县办医院为 1.26 张,其他公立医院为 0.6 张,社会办医院为 0.52 张,基层医疗结构为 0.99 张。预计 2020 年每千常住人口医院床位数达到 4.8 张,增长 34.83%,其中公立医院为 3.3 张,公立医院中各级医院分别为 0.45 张、0.9 张、1.8 张、0.15 张,社会办医院为 1.5 张,基层医疗卫生机构为 1.2 张。2013 年,每千常住人口执业(助理)医师数为 2.06 人,每千常住人口注册护士数为 2.05 人,每千常住人口公共卫生人员数为 0.61 人,每万常住人口全科医生数为 1.07 人,预计 2020 年分别达到 2.5 人、3.14 人、0.83 人、2 人。在医护比与床护比上,2013 年为 1∶1 和 1∶0.45,预计 2020 年达到 1∶1.25 和 1∶0.6。

表 4.5 2020 年全国医疗卫生服务体系资源要素配置主要指标[①]

主要指标	2013 年现状	2019 年现状	2020 年目标	指标性质
每千常住人口医疗卫生机构床位数(张)	4.55	6.30	6	指导性
每千常住人口医院床位数(张)	3.56		4.8	指导性
公立医院	3.04		3.3	指导性
其中:省办及以上医院	0.39		0.45	指导性
市办医院	0.79		0.9	指导性
县办医院	1.26		1.8	指导性
其他公立医院	0.6		0.15	指导性
社会办医院	0.52		1.5	指导性

---

① 2013 年和 2020 年数据来源于中华人民共和国中央人民政府网站《国务院办公厅关于印发全国医疗卫生服务体系规划纲要(2015—2020 年)的通知》,http://www.gov.cn/zhengce/content/2015-03/30/content_ 9560.htm,2015-03-06;2019 年的数据部分来源于中华人民共和国国家卫生健康委员会网站《2019 年我国卫生健康事业发展统计公报》,http://www.nhc.gov.cn/guihuaxxs/s10748/202006/ebfe31f24cc145b198dd730603ec4442.shtml,2020-06-06。

"普惠性、基础性、兜底性民生"建设研究

续表

主要指标	2013年现状	2019年现状	2020年目标	指标性质
基层医疗卫生机构	0.99		1.2	指导性
每千常住人口执业（助理）医师数（人）	2.06	2.77	2.5	指导性
每千常住人口注册护士数（人）	2.05	3.18	3.14	指导性
每千常住人口公共卫生人员数（人）	0.61	0.64	0.83	指导性
每万常住人口全科医生数（人）	1.07	2.61	2	约束性
医护比	1∶1	1∶1.58①	1∶1.25	指导性
市办及以上医院床护比	1∶0.45		1∶0.6	指导性
县办综合性医院适宜床位规模（张）	—		500	指导性
市办综合性医院适宜床位规模（张）	—		800	指导性
省办及以上综合性医院适宜床位规模（张）	—		1000	指导性

注：省办包括省、自治区、直辖市举办；市办包括地级市、地区、州、盟举办；县办包括县、县级市、市辖区、旗举办。

从2019年的实现情况来看，每千常住人口医疗卫生机构床位数为6.30张，每千常住人口执业（助理）医师数为2.77人，每千常住人口注册护士数为3.18人，每万常住人口全科医生数为2.61人，均达到了2020年的预期目标。2018年医护比为1∶1.58，超过2020年目标。2019年每千常住人口公共卫生人员数为0.64人，相比2013年增长了0.3人，以此增速来看，要达到2020年预期0.83人的目标还有较大的距离。

3. 就业与社会保障

表4.6显示了"十三五"规划时期人力资源和社会保障事业发展的情况，"十二五"规划时期城镇新增就业人数为6431万人，预计"十三五"规划时期要高于5000万人。2015年城镇登记失业率为4.05%。从2018年的实现情况来看，2016~2018年累计城镇新增就业人数为4026万人，年均增长1342万人，按照此增长速度，2020年城镇新增就业人数将超过5000万人。2019年城镇登记失业率为3.62%。2020年突发的新冠疫情，致使失业率上升，国家统计局发布的数据显示，2020年4月全国城镇调查失业率为6.0%。

在社会保障上，2015年基本养老保险参保率为82%，基本医疗保险参保率

---

① 医护比为2018年数据。

第四章 "普惠性、基础性、兜底性民生"现状分析

为95%，失业保险参保人数为1.73亿人，工伤保险参保人数为2.14亿人，生育保险参保人数为1.78亿人。预计2020年"五项保险"的数据分别为90%、高于95%、1.8亿元、2.2亿人和2亿人。2019年，全国参加基本养老保险人数为96754万人，2015年为85833万人，比2015年增长12.71%。2019年基本医疗保险参保率高于95%，失业保险、工伤保险的参保人数分别为1.96亿人、2.39亿人，均超过2020年预期的目标。

表4.6 人力资源和社会保障事业发展"十三五"规划纲要[①]

指标	2015年	2019年实现情况	2020年	属性
就业				
城镇新增就业人数（万人）	[6431]	[5378]	[>5000]	预期性
城镇登记失业率（%）	4.05	3.62	<5	预期性
社会保障				
基本养老保险参保率（%）	82		90	预期性
基本医疗保险参保率（%）	95	>95[②]	>95	预期性
失业保险参保人数（亿人）	1.73	2.05	1.8	约束性
工伤保险参保人数（亿人）	2.14	2.55	2.2	约束性
生育保险参保人数（亿人）	1.78	2.04[③]	2	约束性
人才队伍建设				
专业技术人才总量（万人）	—	3234.4	7500	预期性
高、中、初级专业技术人才比例	—		10∶40∶50	预期性
高技能人才总量（万人）	4501		5500	预期性
劳动关系				
企业劳动合同签订率（%）	90	>90	>90	预期性
劳动人事争议调解成功率（%）	—	68.0	>60	预期性

---

① 2015年和2020年数据来源于中华人民共和国中央人民政府网站《人力资源社会保障部关于印发人力资源和社会保障事业发展"十三五"规划纲要的通知》，http：//www.gov.cn/gongbao/content/2017/content_5181097.htm，2016-07-06；2019年数据来源于中华人民共和国人力资源和社会保障部《2019年度人力资源和社会保障事业发展统计公报》，http：//www.mohrss.gov.cn/SYrlzyhshbzb/zwgk/szrs/tjgb/202006/W020200608534647988832.pdf，2020-06-08。

② 数据来源于中华人民共和国中央人民政府网站《国家卫计委：全国基本医疗保险参保人数超过13.5亿》，http：//www.gov.cn/xinwen/2018-02/12/content_5266250.htm，2018-02-12。

③ 生育保险人数为2018年数据。

续表

指标	2015年	2019年实现情况	2020年	属性
劳动人事争议仲裁结案率（%）	95.2	95.5	>90	预期性
劳动保障监察举报投诉案件结案率（%）	—		>95	预期性
公共服务				
社会保障卡持卡人口覆盖率（%）	64.6	93.2	90	预期性

注：[ ] 内为五年累计数。2019年的城镇新增就业人数为2016~2019年的累计数。

在人才队伍建设上，2020年预期专业技术人才总量为7500万人，高、中、初级专业技术人才比例为10∶40∶50，高技能人才总量为5500万人。2019年经过资格评估认定的专业技术人才累计有3234.4万人，距离2020年目标还有较大的距离。因此，在专业人才的培养上，还应继续发力。

在劳动关系上，2015年企业劳动合同签订率为90%，劳动人事争议仲裁结案率为95.2%，预计2020年应达到均高于90%的目标。此外，2020年劳动人事争议调解成功率应达到60%，劳动保障监察举报投诉案件结案率应高于95%。从实际情况来看，2019年，企业劳动合同签订率高于90%，劳动人事争议调解成功率为68.0%，劳动人事争议仲裁结案率为95.5%，均达到了2020年的目标。

在公共服务上，2015年社会保障卡持卡人口覆盖率为64.6%，预计2020年达到90%，实际上，2019年已达到93.2%，超过预期目标。

总体而言，对比"十二五"规划期间与"十三五"规划期间在教育、医疗、人力资源与社会保障上的目标以及"十三五"规划中期的实现情况来看，我国民生总体的建设基本能够达到预期的目标。但是仍需关注义务教育阶段和高中阶段学生辍学的问题以及专业技术人才和高技术人才培养的问题。

（二）与国际标准的比较

1. 减贫比较

根据世界银行报告《贫困与共享繁荣2018——拼凑的贫困谜题》（*Poverty and Shared Prosperity* 2018—*Piecing Together the Poverty Puzzle*），2015年，世界银行制定了两个目标：到2030年将极端贫困人口比例减少到3%以下，以及通过提高每个国家底层40%人口的收入来促进共享繁荣。

第四章 "普惠性、基础性、兜底性民生"现状分析

早在1990年,世界上有36%的人生活在极端贫困中,根据国际贫困线(international poverty line,IPL)的定义,在2011年购买力平价(PPP)中,每天的消费(或收入)低于1.90美元则为极端贫困。到2015年,这一比例从2013年的11.2%骤降至10%。极端贫困人口从1990年的近20亿人下降到2015年的7.36亿人。1990~2015年,全球贫困率平均每年下降1个百分点。而在过去25年里,中国的平均贫困率从1990年的62%下降为2015年的不到3%。

在促进共享繁荣,即确保社会中相对贫穷的人参与经济成功并从中受益方面,世界银行通过监控每个国家中最贫穷的40%人口的平均消费(或收入)增长率来衡量。在这方面,东亚、太平洋和南亚取得的进展更加令人印象深刻,因为这些地区的经济增长是共享的。根据2010~2015年的数据估计,这两个地区底层40%的人的平均消费(或收入)分别以每年4.7%和2.6%的速度增长。

2015年,世界银行根据新的国际贫困线,更新了全球贫困人口数据(如表4.7所示)。2013年全球贫困人口为8亿人,全球贫困发生率为28.8%;2015年全球贫困人口为7.36亿人,贫困发生率为26.3%。1990~2015年,贫困人口由18.95亿人减少为7.36亿人,世界贫困率由55.1%减少为26.3%,贫困率减少28.9%。分地区看,全球贫困人口主要集中在非洲撒哈拉以南地区和南亚地区,贫困发生率分别为48.6%和66.3%。目前这两个地区的贫困人口分别为2.16亿人和4.13亿人,占世界贫困总人口的85.46%。在全球5大主要贫困人口分布中,东亚和太平洋地区减贫速度最快,贫困发生率从1990年的85.3%下降到2015年的12.5%,25年间贫困人口从9.87亿人减少为0.47亿人,占全球脱贫人口的81.10%。盖茨基金会联席主席比尔·盖茨表示,中国是实现联合国千年发展目标中贫困人口减半目标的最大贡献者,1990~2010年,中国绝对贫困人口减少数占世界同期数量的75.7%[1]。据世界银行测算,1981~2012年,中国城乡贫困人口减少7.9亿人,占全球减贫人数的72%,是世界减贫的主要贡献者[2]。

---

[1] 助力中国打赢脱贫攻坚战 盖茨基金会与国务院扶贫办签署合作备忘录[EB/OL]. http://www.cpad.gov.cn/art/2017/3/24/art_ 624_ 61021.html,2017-03-24.

[2] 张高丽:中国30年减少贫困人口7.9亿人[EB/OL]. http://www.cpad.gov.cn/art/2017/3/24/art_ 624_ 61061.html,2017-03-24.

表 4.7 全球贫困人口分布

贫困率为3.20美元区域 （根据2011年购买力平价）（%）	1990年	1999年	2008年	2013年	2015年	1990~2015年 变化
东亚和太平洋	85.3	67.1	37.4	17.5	12.5	-72.8
欧洲和中亚	9.9*	21.1	7.5	5.7	5.4	-4.6
拉丁美洲和加勒比地区	28.3	27.0	15.7	11.4	10.8	-17.5
中东和北非	26.8	21.7	16.7	14.4	16.3	-10.5
南亚	81.7	76.0*	67.9	53.9	48.6*	-33.1
撒哈拉以南非洲	74.9	78.3	72.2	67.8	66.3	-8.6
世界其他地区	0.8	0.8	0.7	0.8	0.9	0.1
世界	55.1	50.6	38.8	28.8	26.3	-28.9
贫困人口（百万）	1990年	1999年	2008年	2013年	2015年	1990~2015年 变化
东亚和太平洋	987.1	695.9	292.8	73.1	47.2	939.9
欧洲和中亚	13.3*	36.7	13.3	7.7	7.1	6.2
拉丁美洲和加勒比地区	62.6	69.7	39.9	28.0	25.9	36.7
中东和北非	14.2	10.6	8.8	9.5	18.6	-4.4
南亚	535.9	534.4	467.0	274.5	216.4	319.5
撒哈拉以南非洲	277.5	376.1	396.4	405.1	413.3	-135.8
世界其他地区	4.3	5.0	5.1	6.4	7.3	-3
世界	1894.8	1728.6	1223.2	804.2	735.9	1158.9

注：*表示这一估计是根据不到40%的区域人口覆盖率计算的。估计统计调查人口覆盖范围的准则，是指在参考年估计中所使用的统计调查是否在该参考年的两年内进行过至少一项。

资料来源：PovcalNet（http：//iresearch.worldbank.org/PovcalNet/），世界银行。

联合国在2011年出版的《贫困和饥饿指标》提出，若缺乏以下八项基本需求中的任何两项，即被视为处于绝对贫困境况。这八项基本需求分别为：食物、安全饮用水、卫生设备、健康、住房、教育、信息获得、服务可得。这八项指标主要覆盖物质贫困，但也涉及健康、社会贫困。在某种程度上，文盲、疾病、肮脏的环境、高婴儿死亡率等均属绝对贫困[1]。Alkire和Foster在《计数和多维贫困测量》中明确了多维贫困的三个基本维度：①健康：营养状况、儿

---

[1] Sachs, J. D. The End of Poverty [M]. New York：Penguin Press, 2005.

第四章 "普惠性、基础性、兜底性民生"现状分析

童死亡率;②教育:儿童入学率、受教育程度;③生活水平:饮用水、电、日常生活用燃料、室内空间面积、环境卫生和耐用消费品①。据此,贫困就不仅仅是物质贫困,还有健康、教育、社会服务方面的贫困。

2. 贫富差距比较

基尼系数是指国际上通用的、用以衡量一个国家或地区居民收入差距的常用指标。基尼系数最大为"1",最小为"0"。基尼系数越接近0表明收入分配越是趋向平等。国际惯例把0.2以下视为收入绝对平均,0.2~0.3视为收入比较平均;0.3~0.4视为收入相对合理;0.4~0.5视为收入差距较大,当基尼系数达到0.5以上时,则表示收入悬殊。从世界平均的基尼系数来看,国际收入差距总体大。2000年基尼系数为0.408,2001~2002年有所上升,最高达到0.434,之后呈现波动下降的状态,2017年为0.362。但是下降的基尼系数在2018年飞速上涨至0.402,高于2000年水平。我国的基尼系数在2008年曾一度上升至0.491,此后开始逐年回落,2009年为0.490,2010年为0.481,2011年为0.477,2012年为0.474,2013年为0.473,2014年为0.469。根据2016年国家统计局数据显示,2015年全国居民收入基尼系数为0.462。这是基尼系数自2009年来连续第7年下降,但仍然超过国际公认的0.4贫富差距警戒线②。2016年基尼系数为0.465,比2015年提高了0.003,但是它并没有改变中国基尼系数总体下降的趋势。总体而言,中国城乡居民收入的相对差距还是在缩小的,从2015年的城乡收入倍差2.73下降到2016年的2.72。2016年基尼系数的上升主要是城市一部分低收入者养老金的收入增速略有放缓,农村一部分只靠粮食生产收入为主的农民,由于粮价的下跌,收入略有减少,但总的趋势没有改变。并且随着我们加大脱贫扶贫攻坚的力度和城乡一体化的步伐,居民收入差距会保持逐步缩小的趋势(吉喆,2017)③。

---

① Alkire, S. and Foster, J. Counting and Multidimensional Poverty Measurement [R]. OPHI Working Paper Series, 2008.
② 中国基尼系数"七连降"贫富差距继续缩小 [EB/OL]. http://www.gov.cn/zhengce/2016-01/20/content_ 5034573.htm, 2016-01-20.
③ 统计局:中国的基尼系数总体呈下降趋势 [EB/OL]. http://www.gov.cn/xinwen/2017-01/20/content_ 5161566.htm, 2017-01-20.

贫困差距①衡量的是贫困线的平均距离，贫困线以上的人与贫困线之间的距离为零。这一衡量既反映了穷人的比例，也反映了穷人的平均每日消费，表示为整个人口的平均消费不足。按照每天1.9美元来衡量，2002年中国的贫困差距为10.10，世界贫困差距为7.82，中国的贫困差距要高于世界；2015年，中国的贫困差距为0.20，相比2002年降低了98.01%，世界贫困差距为2.46，远高于中国的贫困差距。2002年，中国贫困人口占总人口的比例为31.7%，高于世界平均的21.17%；2015年，中国贫困人口所占比重为0.70%。世界贫困人口占比为6.71%远高于中国。这在一定程度上说明了我国的减贫效果显著，绝大多数人口都已超过了贫困线。

我国最低20%居民占有的收入份额中，2002年为5.6%，2015年为6.4%，总体略低于世界水平，这说明我国贫富差距还比较大，在扶贫扶弱以及改善最低保障人群的收入水平上仍需继续努力②。

3. 老龄化比较

表4.8显示了2000~2019年世界各领域指标的变化情况，从人口上来看，2000~2019年，世界65岁以上的人口占总人口的比例由6.79%上升为9.03%。国际上通常看法是，当一个国家或地区60岁以上老年人口占人口总数的10%，或65岁以上老年人口占人口总数的7%，即意味着这个国家或地区的人口处于老龄化社会。总体而言，整个世界正在迈入老龄化的人口结构。2000年，我国65岁以上人口所占比重为7.00%，2018年为11.90%，均高于同期世界水平③。1982年在维也纳老龄问题世界大会上，确定60岁及以上老年人口占总人口比例超过10%，意味着这个国家或地区进入严重老龄化。这也说明我国现在正处于严重老龄化的阶段。在抚养人口对劳动人口的占比中，2018年，世界平均抚养比为58.76%，中国的抚养比为40.44%，其中少儿抚养比为23.68%，老年抚养比为16.77%。抚养比越大，表明劳动力人均承担的抚养人数就越多，即劳动力的抚养负担就越严重。从数据来看，我国的人均抚养负担要低于世界水平，但是随着老龄化的加剧，这一负担会越来越重。

---

① 贫困差距：如果两个国家的贫困率相同，但第一个国家的穷人日消费为1.50美元，而另一个国家的穷人日消费为1.80美元，则贫困差距表明第一个国家的贫困程度更高。当贫困差距除以贫困率时，得到的数字显示了到贫困线的平均距离，或穷人的平均消费不足。如果穷人的平均消费缺口是0.25，那么穷人平均消费比IPL的价值少25%，即每天1.43美元[（1-0.25）×IPL]。

② 我国弱势群体就业率以及最低20%所占收入份额数据来源于EPS DATA《世界经济发展数据库》。

③ 数据来源于EPS DATA《宏观经济数据库》。

第四章 "普惠性、基础性、兜底性民生"现状分析

表4.8 2000~2019年世界各领域指标的变化情况

指标	2000年	2001年	2002年	2003年	2004年	2005年	2006年	2007年	2008年	2009年
基尼（GINI）系数	0.408	0.434	0.423	0.395	0.381	0.392	0.377	0.367	0.375	0.376
城镇人口（占总人口比例）	54.22	54.54	54.85	55.17	55.49	55.82	56.15	56.46	56.80	57.14
农村人口（占总人口的百分比）	45.78	45.46	45.15	44.83	44.51	44.18	43.85	43.54	43.20	42.86
65岁及以上的人口（占总人口的百分比）	6.79	6.89	6.98	7.07	7.15	7.22	7.29	7.36	7.42	7.49
抚养比（占劳动年龄人口的百分比）	66.97	66.17	65.34	64.50	63.67	62.85	62.17	61.51	60.89	60.34
支出（占GDP的百分比）	26.46	26.42	26.51	26.01	25.14	25.92	25.76	25.60	26.71	28.13
GDP增长率（年百分比）	4.20	3.41	3.25	3.90	5.93	5.13	5.83	5.79	3.88	0.15
人均GDP增长（年增长率）	2.75	2.00	1.81	2.45	4.40	3.60	4.25	4.21	2.32	−1.34
就业人口的人均GDP（2011年不变价购买力平价美元）	36457.59	36596.18	36931.21	37680.41	39008.12	39658.87	40632.74	41553.14	41718.65	40785.27
贫困差距，按每天1.90美元衡量的（2011 PPP）（百分比）	6.19	6.43	7.82	5.78	3.54	5.02	2.65	2.70	3.03	2.62
贫困人口比例，按每天1.90美元衡量的（2011 PPP）（占人口的百分比）	15.80	17.86	21.17	15.50	8.94	13.54	7.07	7.86	8.37	7.67
总失业人数（占劳动力总数的比例）（模拟劳工组织估计）	8.31	8.29	8.49	8.46	8.23	7.98	7.49	7.05	6.89	7.77
男性失业人数（占男性劳动力比例）（模拟劳工组织估计）	7.75	7.75	7.95	7.87	7.61	7.32	6.85	6.44	6.33	7.33

续表

指标	2000年	2001年	2002年	2003年	2004年	2005年	2006年	2007年	2008年	2009年
女性失业人数（占女性劳动力比例）（模拟劳工组织估计）	9.37	9.33	9.54	9.59	9.43	9.27	8.73	8.27	8.04	8.85
最低20%占有的收入份额	6.09	5.49	5.88	6.39	6.68	6.43	6.71	6.92	6.74	6.65
弱势群体就业率（占所有就业人员比例）	42.80	42.62	42.46	42.28	41.97	41.69	41.34	40.98	40.65	40.56
公共教育支出总额（占政府支出的比例）	14.90	15.45	15.15	15.66	14.73	15.08	15.20	15.12	15.33	14.76
教育公共开支总额（占GDP的比例）	4.20	4.45	4.35	4.52	4.15	4.36	4.37	4.31	4.40	4.69
经过培训的初等教育教师（占教师总数的比例）	82.26	83.12	83.34	81.30	81.70	82.48	84.27	85.30	83.45	83.14
小学人均支出（占人均GDP的百分比）	14.15	14.73	14.49	15.54	14.11	14.82	16.34	16.26	16.54	16.64
小学生师比	28.01	27.44	27.20	26.61	26.85	26.30	26.33	25.86	25.90	25.62
学校入学率，小学（占总数的百分比）	98.71	99.51	100.57	101.32	102.08	102.30	102.21	102.80	103.24	103.87
学校入学率，学前班（占总数的百分比）	44.48	45.19	47.42	47.31	49.80	51.96	52.34	53.13	54.20	55.24
中学人均支出（占人均GDP的百分比）	20.89	23.26	19.92	20.65	19.60	21.98	21.63	20.22	21.72	21.68
中学师生比	18.34	18.41	18.51	18.53	18.60	18.24	18.63	18.11	17.21	17.53
医院床位（每千人）	4.53	4.29	4.02	4.04	4.07	3.56	3.68	3.74	3.96	3.76

指标	2010年	2011年	2012年	2013年	2014年	2015年	2016年	2017年	2018年	2019年
基尼（GINI）系数	0.365	0.362	0.365	0.365	0.367	0.368	0.364	0.362	0.402	
城镇人口（占总人口比例）	57.47	57.79	58.19	58.49	58.80	59.11	59.42	59.74	60.06	60.38
农村人口（占总人口的百分比）	42.53	42.21	41.81	41.51	41.20	40.89	40.58	40.26	39.94	39.62
65岁及以上的人口（占总人口的百分比）	7.58	7.69	7.82	7.96	8.10	8.26	8.44	8.62	8.82	9.03

第四章 "普惠性、基础性、兜底性民生"现状分析

续表

指标	2010年	2011年	2012年	2013年	2014年	2015年	2016年	2017年	2018年	2019年
抚养比（占劳动年龄人口的百分比）	59.87	59.62	59.30	59.10	58.96	58.85	58.81	58.79	58.79	58.77
支出（占GDP的百分比）	27.75	27.40	27.16	27.34	27.29	27.25	26.89	27.01	27.42	
GDP增长率（年百分比）	4.44	3.70	3.46	3.37	3.36	2.80	3.10	3.26	3.19	2.77
人均GDP增长（年增长率）	2.96	2.35	2.07	1.92	1.94	1.42	1.73	1.94	1.90	1.47
就业人口人均GDP（2011年不变价购买力平价美元）	41927.31	42630.80	43096.88	43369.28	43632.90	43798.29	44199.70	44791.02	45285.16	46081.79
贫困差距，按每天1.90美元衡量的（2011 PPP）（百分比）	3.61	3.10	2.81	2.15	1.78	2.46	1.78	1.32	2.72	
贫困人口比例，按每天1.90美元衡量的（2011 PPP）（占人口的百分比）	9.73	9.07	7.63	6.08	5.52	6.71	4.91	3.90	7.45	
总失业人数（占劳动力总数的比例）（模拟劳工组织估计）	7.96	7.88	7.90	7.94	7.75	7.64	7.53	7.24	6.95	6.92
男性失业人数（占男性劳动力比例）（模拟劳工组织估计）	7.47	7.36	7.39	7.43	7.21	7.07	6.96	6.67	6.41	6.35
女性失业人数（占女性劳动力比例）（模拟劳工组织估计）	9.12	9.10	9.11	9.18	9.04	9.00	8.89	8.64	8.30	8.29
最低20%占有的收入份额	6.90	6.94	6.78	6.79	6.76	6.78	6.80	6.92	6.18	
弱势群体就业率（占所有就业人员比例）	40.34	40.13	39.80	39.60	39.28	39.04	38.77	38.64	38.51	38.39
公共教育支出总额（占政府支出的比例）	14.66	14.41	14.83	14.92	14.82	15.08	15.01	15.70	16.39	
教育公共开支总额（占GDP的比例）	4.50	4.24	4.27	4.41	4.48	4.61	4.47	4.15	4.11	

077

续表

指标	2010年	2011年	2012年	2013年	2014年	2015年	2016年	2017年	2018年	2019年
经过培训的初等教育教师（占教师总数的百分比）	81.66	80.86	83.66	82.74	84.03	83.00	84.30	85.52	86.79	
小学生人均支出（占人均GDP的百分比）	15.94	15.65	15.16	16.12	16.42	16.85	17.23	15.12	14.34	
小学师生比例	25.24	24.84	24.09	23.02	22.59	23.21	22.86	22.30	24.08	
学校入学率，小学（占总数的百分比）	104.18	103.82	104.04	104.58	103.83	103.24	103.30	103.22	103.47	
学校入学率，学前班（占总数的百分比）	55.69	57.05	60.18	60.08	62.52	62.01	64.43	65.70	55.71	
中学人均支出（占人均GDP的百分比）	20.91	20.16	19.72	20.10	20.12	20.58	19.98	19.67	19.49	
中学师生比例	17.24	17.63	17.28	16.44	16.44	16.19	16.01	15.99	16.76	19.49
医院床位（每千人）	3.46	3.29	3.82	3.49	2.23					

第四章 "普惠性、基础性、兜底性民生"现状分析

4. 就业情况比较

从 GDP 增长上来看，2000 年世界 GDP 增长率为 4.20%，2001~2003 年有所降低之后保持了较高的增长，最高为 5.93%。2008 年金融危机之后，2009 年 GDP 增长恢复高位，为 4.44%，之后增速放缓，2019 年世界 GDP 增速为 2.77%。中国的 GDP 增速从 2008 年之后开始缓慢降低，GDP 增速最高为 2007 年的 14.23%，2008 年为 9.65%。在 2010 年有过短暂的上升（为 10.64%）之后增速逐渐下降，2018 年为 6.60%，中国的 GDP 增速总体要高于世界平均水平。中国的人均 GDP 增长与总体的 GDP 增长呈现相同的趋势，最高为 2007 年的 13.64%，2018 年人均 GDP 增长为 6.12%，均远远高于世界水平。2000 年，中国就业人口人均 GDP（2010 年不变价购买力平价美元）为 6999.85 美元，世界就业人口人均 GDP（2011 年不变价购买力平价美元①）为 36457.59 美元，相差 4.2 倍；2018 年，中国就业人口人均 GDP 为 29498.54 美元，增长了 3.2 倍，世界就业人口人均 GDP 为 46018.79 美元，是中国就业人口人均 GDP 的 1.5 倍，中国与世界就业人口人均 GDP 的差距缩小了 3.7 倍②。

从世界银行的数据来看，世界平均的失业率总体呈现出下降的趋势，2000 年世界失业率为 8.31%，2008 年失业率为 6.89%。受 2008 年全球金融危机的影响，2009~2010 年世界失业率有所上升，分别为 7.77% 和 7.96%，之后便呈现出稳定的下降趋势，2019 年为 6.92%。我国的失业率一直较低，除了 2005 年为 2.1% 之外，均低于 2%。我国的城镇登记失业率在 2000~2003 年由 3.1% 上升为 4.3%，2004~2007 年失业率在逐渐降低。2008~2010 年有过短暂的波动，失业率一度上升到 2009 年的 4.3%，之后便逐渐下降。2018 年城镇登记失业率为 3.8%，远远低于世界水平③。2019 年底全国城镇登记失业率为 3.62%④。这一数字虽然低于世界水平，但我国只计算城镇登记失业率，实际上还有很多隐性失业人口。

在扶持弱势群体就业中，世界弱势群体就业率⑤由 2002 年的 42.80% 下降为 2018 的 38.51%，下降了 4.29 百分点；中国弱势群体就业率由 58.45% 下降

---

① 2010 年与 2011 年的不变价购买力平价美元均为 1.9 美元。
② 中国的 GDP 增长、人均 GDP 增长与就业人口人均 GDP 增长均来自于 EPS DATA《世界经济发展数据库》。
③ 失业率数据来源于 EPS DATA《中国宏观经济数据库》。
④ 2019 年底全国城镇登记失业率为 3.62% [EB/OL]. 新华网，http://www.xinhuanet.com/2020-01/14/c_1125462077.html，2020-01-24。
⑤ 弱势群体就业率是指无酬家庭就业者和自营就业者在所有就业人口中所占比例。

为43.83%，下降14.62%，下降幅度为世界水平的3倍。即便如此，中国的弱势群体就业率还是高于世界水平。在最低20%占有的收入份额中，2002年与2015年世界水平分别为5.88%与6.78%，2001~2011年整体呈上升趋势，2011~2017年则比较平稳。

5. 教育医疗支出比较

在教育上，教育公共支出占政府总支出的百分比，是指特定财年，教育公共支出总额（经常性支出和资本性支出）占政府各部门支出总额的百分比。公共教育支出包括政府在教育机构（公立和私立）、教育行政管理和私人实体（学生/家庭及其他私人实体）补贴方面的开支。在世界水平上，公共教育支出占政府支出的比例呈现波动上升的状态，2000年为14.90%，2018年为16.39%，整体增长1.49%；2018年我国的教育支出为32169.47亿元，占国家财政支出的3.57%，远远低于国际水平。在生师比上，我国与国际呈现同样的整体下降的趋势，2004年，国际水平小学生师比为26.85，即26.85个小学生配有一位教师，中学生师比为18.60；2004年，我国小学生师比为19.98，中学的生师比为18.65，小学学生比国际水平享有更多的教师资源，中学则与国际水平持平。2018年，国际水平小学生师比为24.08，中学为16.76，相比2004年分别下降了10.33%和9.92%；我国的小学生师比为16.97，初中生师比为12.79，高中生师比为13.10，相比2004年下降了14.68%、31.42%和29.76%，下降幅度更高。在生师比上，我国均小于国际水平，尤其是中学教育上，远远高于国际水平，这说明我国中小学生人均享受的教师资源要多于国际水平。在幼儿教育上，2000~2017年国际上整体呈现出增长的趋势，由44.48%增长为65.70%，2018年有所下降，为55.71%。我国学龄儿童净入学率水平较高，总体比较稳定，2000年为99.10%，2018年为99.95%，基本实现了全覆盖。

在医疗卫生上，每千人拥有的医院床位数在国际上整体呈现波动下滑，最高值为2000年的4.53张，2014年为2.23张。而我国则呈现出稳定增长的相反趋势，2000年为2.50张，2014年为4.85张。在每千人拥有的护士和助产士上，2013年世界水平为3.14，中国为2.03，虽然中国每千人拥有的护士和助产士不断增长，但是总体还是低于世界水平。在每千人拥有的内科医生上，2013年世界水平为1.46，中国水平为1.67，略高于世界水平，并在总体上呈现上升趋势，2018年为1.81①。

---

① 护士与助产士、内科医生的国际以及中国数据来源于EPS DATA《世界经济发展数据库》。

第四章 "普惠性、基础性、兜底性民生"现状分析

第二节 "七有"民生现状分析

"普惠性、基础性、兜底性民生"的外延包括"幼有所育、学有所教、劳有所得、病有所医、老有所养、住有所居、弱有所扶"（简称"七有"）。本节对"七有"民生建设现状进行分析。

一、幼有所育

截至2018年，全国学龄儿童数呈现出缓慢增长的趋势，绝大部分学龄儿童都已入学。幼儿园数量、在园儿童数、幼儿园专任教师数分别增至26.67万所、4656万人、258万人，每十万人口学前教育学校平均在校生数为3350人，学前教育呈快速发展态势。

如表4.9所示，在任课教师中，学前教育教职工人数增加明显，其增幅超过了学校增加的幅度以及学生增加的幅度。截至2018年，学前教育教职工中，学前教育专业的教职工为2156924人，占比48%，专任教师中，学前教育专业的专任教师数为1831194，占比71%，这说明学前教育的专业队伍在不断扩大。

表4.9 幼儿教育学生、教职工与经费情况

	年份	2014	2015	2016	2017	2018
学龄儿童与教职工情况	全国学龄儿童数（万人）	9107.1	9368.2	9583.6	9779.3	10021.8
	已入学学龄儿童数（万人）	9090.1	9356.7	9575.9	9770.2	10016.8
	学龄儿童净入学率（%）	99.81	99.88	99.92	99.91	99.95
	在园人数（人）	40507145	42648284	44138630	46001393	46564204
	每十万人口学前教育学校平均在校生数（人）	2977	3118	3211	3327	3350
	学前教育学校数（所）	209881	223683	239812	254950	266677
	学前教育教职工数（人）	3142226	3495791	3817830	4192850	4531454

续表

<table>
<tr><th colspan="2">年份</th><th>2014</th><th>2015</th><th>2016</th><th>2017</th><th>2018</th></tr>
<tr><td rowspan="4">学龄儿童与教职工情况</td><td>学前教育专业（幼教专业毕业）教职工数（人）</td><td>1402574</td><td>1584638</td><td>1775076</td><td>1978047</td><td>2156924</td></tr>
<tr><td>学前教育专任教师数（人）</td><td>1844148</td><td>2051021</td><td>2232067</td><td>2432138</td><td>2581363</td></tr>
<tr><td>学前教育专业（幼教专业毕业）专任教师数（人）</td><td>1188883</td><td>1346856</td><td>1508554</td><td>1686479</td><td>1831194</td></tr>
<tr><td>教育基本建设本年完成投资合计（万元）</td><td>2237062</td><td>2446404</td><td>2615567</td><td>4088101</td><td>3526993</td></tr>
<tr><td rowspan="3">经费情况</td><td>各级教育生均一般公共预算教育经费情况（元）</td><td></td><td></td><td></td><td></td><td>7671.84</td></tr>
<tr><td>各级教育生均一般公共预算教育事业费支出情况（元）</td><td></td><td></td><td></td><td></td><td>6896.28</td></tr>
<tr><td>各级教育生均一般公共预算公用经费支出情况（元）</td><td></td><td></td><td></td><td></td><td>2431.7</td></tr>
</table>

注：表格中"学龄儿童与教职工情况"数据来源于 EPS DATA 中国教育数据库，"经费情况"来源于教育部 2018 年度教育经费执行情况统计公告。

2018 年 11 月，我国第一次以中共中央、国务院的名义对学前教育做出顶层设计，印发《关于学前教育深化改革规范发展的若干意见》，要求到 2020 年，全国学前三年毛入园率达到 85%，普惠性幼儿园覆盖率（公办园和普惠性民办园在园幼儿占比）达到 80%。为了实现这一目标，国家积极扶持面向大众、收费较低的普惠性民办幼儿园发展，通过多种方式和激励措施，引导和支持民办幼儿园提供普惠性服务。在此过程中，政府的财政补助是民办幼儿园实现普惠性的关键。自 2011 年以来，财政部会同教育部等有关部门支持各地先后实施了三期学前教育行动计划，重点支持地方扩大普惠性学前教育资源。据统计，2011~2020 年中央财政累计安排支持学前教育发展资金 1520 亿元。我国学前三年毛入园率从 2010 年的 56.6% 提高到 2019 年的 83.4%[1]。

2018 年，教育基本建设本年完成投资合计 3526993 万元，是 2014 年的 1.58 倍，在教育经费上，各级教育生均一般公共预算教育经费为 7671.84 元，

---

[1] 中央财政支持地方扩大普惠性学前教育资源下达转移支付资金 188.4 亿元 [EB/OL]. http://www.moe.gov.cn/jyb_ xwfb/s5147/202007/t20200716_ 473087.html，2020-07-16.

第四章 "普惠性、基础性、兜底性民生"现状分析

各级教育生均一般公共预算教育事业费支出为 6896.28 元,各级教育生均一般公共预算公用经费支出为 2431.70 元。这些数据意味着"外延发展已不是我国基础教育的主要矛盾,必须转向内涵发展"①。

二、学有所教

根据《2019 年全国教育事业发展统计公报》②,全国共有义务教育阶段学校 21.26 万所,招生 3507.89 万人,在校生 1.54 亿人,专任教师 1001.65 万人,九年义务教育巩固率为 94.8%,表 4.10 显示了初高等教育有关情况。

表 4.10 初高等教育相关情况

2019 年	高中	初中	小学
学校数(所)	14297	52415	160148
教职工数(人)	2836167	4350422	5852646
专任教师数(人)	1861175	3749193	6269084
招生	8394949	16388487	18690411
在校生数(人)	24184287	48271362	105612358
毕业生	7926743	14540936	16479006
升学率(%)	95.50	99.50	
毛(净)入学率(%)	89.50	102.60	99.94
师生比(教师人数=1)	12.99	12.88	16.85
总班数(万个)		104.41	280.78
56~65 人的大班(万个)		4.21	10.22
66 人以上的超大班(个)		2725	6385
(含教学点)校舍建筑面积(万平方米)	56788.56	67962.80	81586.32
体育运动场(馆)面积达标学校(%)	91.62	93.54	90.22
体育器械配备达标学校(%)	94.20	96.56	95.38
音乐器材配备达标学校(%)	93.20	96.22	95.17

---

① 张志勇.基础教育再进化[EB/OL].教育部网站,http://www.moe.gov.cn/jyb_xwfb/s5147/202008/t20200803_476548.html,2020-08-01.

② 2019 年全国教育事业发展统计公报[EB/OL].http://www.moe.gov.cn/jyb_sjzl/sjzl_fztjgb/202005/t20200520_456751.html,2020-05-20.

续表

2019 年	高中	初中	小学
美术器材配备达标学校（%）	93.31	96.02	94.97
数学自然实验仪器达标学校（%）	93.84	96.12	94.70

注：数据来源于教育部《2019教育统计数据》。

（一）教学情况

1. 小学

2019年我国普通小学有16.01万所，比2018年减少0.17万所，下降1.05%。另有小学教学点9.65万个，比2018年减少0.49万个。招生1869.04万人，比2018年增加1.74万人，增长0.09%；在校生10561.24万人，比2018年增加221.98万人，增长2.15%；毕业生1647.90万人，比2018年增加31.41万人，增长1.94%。小学学龄儿童净入学率99.94%。

2019年我国有小学教职工585.26万人，比2018年增加12.01万人，增长2.10%；专任教师626.91万人，比2018年增加17.72万人，增长2.91%。专任教师学历合格率99.97%，与2018年持平。生师比16.85∶1。小学总班数280.78万个，比2018年增加5.39万个。其中，56~65人的大班10.22万个，比2018年减少6.36万个，占总班数的比例3.64%，比2018年下降2.38个百分点；66人以上的超大班6385个，比2018年减少6444个，占总班数的比例0.23%，比2018年下降0.24个百分点。

普通小学（含教学点）校舍建筑面积81586.32万平方米，比2018年增加2966.79万平方米。设施设备配备达标的学校比例情况分别为：体育运动场（馆）面积达标学校90.22%，体育器械配备达标学校95.38%，音乐器材配备达标学校95.17%，美术器材配备达标学校94.97%，数学自然实验仪器达标学校94.70%，各项比例比2018年均有提高。

2. 初中

2019年我国有初中学校5.24万所（含职业初中11所），比2018年增加433所，增长0.83%。招生1638.85万人，比2018年增加36.26万人，增长2.26%；在校生4827.14万人，比2018年增加174.55万人，增长3.75%；毕业生1454.09万人，比2018年增加86.33万人，增长6.31%。初中阶段毛入学率102.6%。

第四章 "普惠性、基础性、兜底性民生"现状分析

初中教职工 435.04 万人，比 2018 年增加 15.67 万人，增长 3.74%；专任教师 374.74 万人，比 2018 年增加 10.84 万人，增长 2.98%。初中专任教师学历合格率 99.88%，比 2018 年提高 0.02 个百分点。生师比 12.88∶1。初中总班数 104.41 万个，比 2018 年增加 4.32 万个。其中，56~65 人的大班 4.21 万个，比 2018 年减少 3.82 万个，占总班数的比例 4.04%，比 2018 年下降 3.99 个百分点；66 人以上的超大班 2725 个，比 2018 年减少 3220 个，占总班数的比例 0.26%，比 2018 年下降 0.33 个百分点。

初中校舍建筑面积 67962.80 万平方米，比 2018 年增加 3594.67 万平方米。设施设备配备达标的学校比例情况分别为：体育运动场（馆）面积达标学校 93.54%，体育器械配备达标学校 96.56%，音乐器材配备达标学校 96.22%，美术器材配备达标学校 96.02%，理科实验仪器达标学校 96.12%，各项比例较 2018 年均有提高。

3. 高中

全国高中阶段教育共有学校 2.44 万所，比 2018 年增加 55 所，增长 0.23%；招生 1439.86 万人，比 2018 年增加 90.11 万人，增长 6.68%；在校学生 3994.90 万人，比 2018 年增加 60.23 万人，增长 1.53%。高中阶段毛入学率 89.5%，比 2018 年提高 0.7 个百分点。

普通高中 1.40 万所，比 2018 年增加 227 所，增长 1.65%；招生 839.49 万人，比 2018 年增加 46.79 万人，增长 5.90%；在校生 2414.31 万人，比 2018 年增加 38.93 万人，增长 1.64%；毕业生 789.25 万人，比 2018 年增加 10.01 万人，增长 1.28%。

普通高中教职工 283.37 万人，比 2018 年增加 9.11 万人，增长 3.32%；专任教师 185.92 万人，比 2018 年增加 4.67 万人，增长 2.57%。生师比 12.99∶1；专任教师学历合格率 98.62%，比 2018 年提高 0.21 个百分点。

普通高中校舍建筑面积 56788.56 万平方米，比 2018 年增加 2582.51 万平方米。普通高中设施设备配备达标的学校比例情况分别为：体育运动场（馆）面积达标学校 91.62%，体育器械配备达标学校 94.20%，音乐器材配备达标学校 93.20%，美术器材配备达标学校 93.31%，理科实验仪器配备达标学校 93.84%。

4. 其他

统计公报还显示，2019 年全国有各级各类民办学校 19.15 万所，占全国比重 36.13%，招生 1774.33 万人。各类教育在校生达 5616.61 万人。全国共有特殊教育学校 2192 所，特殊教育学校共有专任教师 6.24 万人，招收各种形式的

特殊教育学生 14.42 万人，比 2018 年增长 16.76%；特殊教育学校在校生共有 79.46 万人，比 2018 年增长 19.32%。

截至 2020 年 6 月 14 日，全国义务教育阶段辍学学生人数由 2019 年初的 60 万人减少至 6781 人，下降了近 99%，其中建档立卡贫困家庭辍学学生人数由 20 万人降至 97 人；52 个未摘帽贫困县辍学学生人数由 8.2 万人减少至 433 人，下降了 99.5%[①]。

总体而言，我国教育实现了广覆盖，基于"平等"权利、面向学龄人口的"普及性"国民教育。随着"大班额""超大班额"问题的逐渐化解，生师比的比率不断降低，学生得以享受更加优质的资源。从各种器材达标的学校来看，在基础教育与初等教育上，基本能够满足学生的全面素质的发展，不断提高的升学率也使义务教育的成果更加巩固，如表 4.11 所示。

表 4.11　各级普通学校毕业生升学率

单位：%

年份	小升初	初升高	年份	小升初	初升高
2009	99.10	85.60	2015	98.20	94.10
2010	98.70	87.50	2016	98.70	93.70
2011	98.30	88.90	2017	98.80	94.90
2012	98.30	88.40	2018	99.10	95.20
2013	98.30	91.20	2019	99.50	95.50
2014	98.00	95.10			

注：数据来源于教育部统计数据，http：//www.moe.gov.cn/s78/A03/moe_560/jytjsj_2019/qg/202006/t20200611_464791.html。

（二）经费投入

2018 年，全国教育经费总投入为 46143.00 亿元，比 2017 年的 42562.01 亿元增长 8.41%。据统计，2018 年全国国内生产总值为 900309.5 亿元，国家财政性教育经费占国内生产总值比例为 4.11%。这是自 2012 年首次超过 4% 以来连续七年保持在 4% 以上，4% 成果进一步巩固。其中，国家财政性教育经费

---

① 教育部等十部门印发文件要求持续常态化开展控辍保学工作 [EB/OL]. http：//www.moe.gov.cn/jyb_xwfb/s5147/202006/t20200630_469252.html，2020-06-30.

第四章 "普惠性、基础性、兜底性民生"现状分析

(主要包括一般公共预算安排的教育经费,政府性基金预算安排的教育经费,国有及国有控股企业办学中的企业拨款,校办产业和社会服务收入用于教育的经费等)为 36995.77 亿元,比 2017 年的 34207.75 亿元增长 8.15%。2018 年全国一般公共预算教育经费占一般公共预算支出 220904.13 亿元的比例为 14.48%,比上年的 14.73%降低了 0.25 个百分点。

从表 4.12 中可以看出,一般公共预算教育经费占一般公共预算支出的比例相对比较稳定,国家财政性教育经费占国内生产总值的比例也比较稳定,基本保持在 4.10%~4.30%。2018 年全国普通小学、普通初中、普通高中生均一般公共预算教育经费增幅分别为 3.82%、4.79%、8.64%;全国普通小学、普通初中、普通高中生均一般公共预算教育事业费支出增幅分别为 3.60%、3.81%、8.62%;全国普通小学、普通初中、普通高中生均一般公共预算公用经费支出增幅分别为 2.29%、3.04%、7.40%。教育经费的增幅上,普通高中的教育经费的增长幅度最大,但是从金额上来看,普通高中的生均教育经费要低于普通初中,略高于普通小学。这说明我国的教育经费主要用在支持义务教育上,对于高中阶段的教育投入还有待加强。

表 4.12　各级教育经费情况

	年份	2018	2017	2016	2015	2014
总体经费	全国教育经费总投入（亿元）	46143.00	42562.01	38888.39	36129.19	32806.46
	国家财政性教育经费（亿元）	36995.77	34207.75	31396.25	29221.45	26420.58
	一般公共预算教育经费（亿元）	31992.73	29919.78	27700.63	25861.87	22576.01
	中央财政教育经费（亿元）	5007.72	4663.16	4439.68	4245.58	4101.59
	一般公共预算教育经费占一般公共预算支出比例情况（%）	14.48	14.71	14.75	14.70	14.87
	国家财政性教育经费占国内生产总值比例（%）	4.11	4.14	4.22	4.26	4.15
普通小学	各级教育生均一般公共预算教育事业费支出情况（元）	10566.29	10199.12	9557.89	8838.44	7681.02
	各级教育生均一般公共预算公用经费支出情况（元）	2794.58	2732.07	2610.80	2434.26	2241.83

续表

年份		2018	2017	2016	2015	2014
普通初中	各级教育生均一般公共预算教育事业费支出情况（元）	15199.11	14641.15	13415.99	12105.08	10359.33
	各级教育生均一般公共预算公用经费支出情况（元）	3907.82	3792.53	3562.05	3361.11	3120.81
普通高中	各级教育生均一般公共预算教育事业费支出情况（元）	14955.66	13768.92	12315.21	10820.96	9024.96
	各级教育生均一般公共预算公用经费支出情况（元）	3646.99	3395.59	3198.05	2923.09	2699.59

注：数据来源于教育部各年度《教育经费执行公告》。

三、劳有所得

"劳有所得"，"劳"就是劳动、就业，"得"就是收入、分配。"劳有所得"，一方面是规范和协调劳动关系，完善和落实国家对农民工的政策，依法维护劳动者的权益；另一方面是有"劳"才有"得"，就是要促进就业，合理分配收入。

我国就业人员由 2011 年的 7.64 亿人增加到 2018 年的 7.76 亿人。由于新生劳动力减少，这个时期就业总量比较稳定，劳动力素质快速提高。劳动年龄人口平均受教育年限由 2011 年的 7.6 年提高到 2017 年的 10.5 年①。受劳动年龄人口持续减少的影响，劳动力供给总量下降，并且 2018 年全国就业人员总量首次出现下降，预计今后几年还将继续下降。

农民工总量由 2011 年的 25278 万人增加到 2018 年的 28836 万人，其中本地农民工 11570 万人，外出农民工 17266 万人。这个时期特别强调提高生产率，全员人均劳动生产率由 2011 年的 61707 元上升为 2018 年的 107327 元②。

全国居民人均可支配收入由 2011 年的 11992 元增加到 2018 年的 28228 元，

---

① 李克强. 政府工作报告——2018 年 3 月 5 日在第十三届全国人民代表大会第一次会议上 [EB/OL]. 中央人民政府网站，http：//www.gov.cn/guowuyuan/2018-03/22/content_5276608.htm，2018-03-22.

② 中华人民共和国 2011 年国民经济和社会发展统计公报 [EB/OL]. http：//www.stats.gov.cn/statsinfo/auto2074/201310/P020131031383226563918.pdf，2012-02-22.

第四章 "普惠性、基础性、兜底性民生"现状分析

城镇居民人均可支配收入由 2011 年的 21810 元上升到 2018 年的 39251 元,农村居民人均可支配收入由 2011 年的 6977 元上升到 2018 年的 14617 元。与此同时,由于中央加大"三农"财政投入,并建立健全种粮农民补贴制度和主产区利益补偿机制,2018 年中国城乡居民收入比为 2.69∶1,相对 2011 年的 3.13∶1 有明显的缩小①。

图 4.3 显示了就业人员的工资水平的变化,从图中我们可以看出,就业人员的平均工资呈现缓慢增长状态,整体增长幅度小于工资总额的增长幅度,说明高收入人群的工资增长幅度要高于低收入人群的工资增长幅度,收入差距在逐渐拉大。

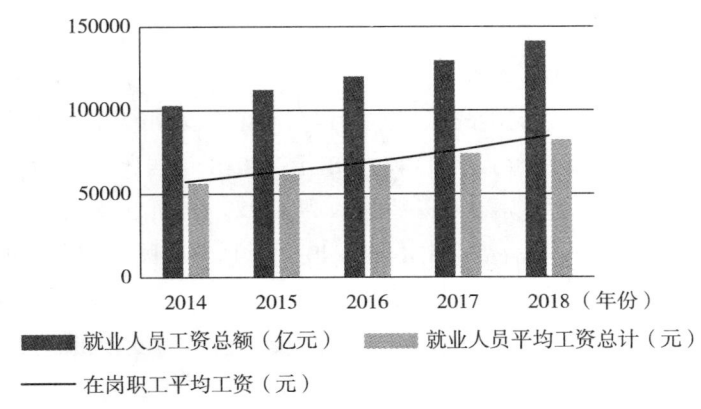

图 4.3 就业人员工资水平

资料来源:EPS DATA,中国劳动经济数据库。

图 4.4 表明了 2014~2018 年我国就业人员工资指数的变化情况,总体来看,受 2015 年以来的经济下行影响,就业人员工资总额指数下降明显,虽然之后逐渐回升,2018 年仍旧没有达到 2015 年水平,就业人员平均货币工资的增长幅度也反映了这一规律。而且,尽管就业人员平均货币工资增长幅度都在 108% 以上,但扣除物价增长因素,实际工资增长比货币工资增长每年都低约 2 个百分点。

---

① 黄燕芬,张志开,杨宜勇. 新中国 70 年的民生发展研究[J]. 中国人口科学,2019(6):15-31+126.

"普惠性、基础性、兜底性民生"建设研究

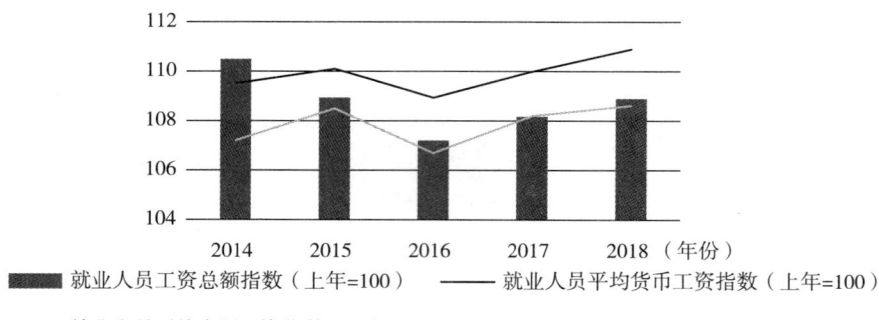

图 4.4 就业人员工资指数

资料来源：EPS DATA，中国劳动经济数据库。

如图 4.5 所示，2014~2018 年我国人均可支配收入与支出均呈现上涨的趋势，但是收入的涨幅超过支出的涨幅。2014 年居民人均可支配收入为 20167.12 元，其中，可支配工资性收入为 11420.58 元；2018 年居民人均可支配收入为 28228.05 元，居民人均可支配工资性收入为 15829.05 元，涨幅超过 38%。在支出上，2014 年居民人均消费支出 14491.40 元，其中居民人均食品烟酒消费支出 4493.92 元；2018 年居民人均消费支出 19853.14 元，其中居民人均食品烟酒消费支出 5631.08 元。居民在食品烟酒上的消费支出占消费支出的比重有所降低，由 2014 年的 31.01% 降低为 28.36%，而居民在居住消费上的支出则有所上升，2014 年人均居住消费支出为 2998.5 元，2018 年为 4646.59 元，增长了 54.96%，占居民人均消费支出的比例由 2014 年的 20.69% 上升为 23.40%。此外，居民在交通通信、教育文化娱乐、医疗保健上的支出也大幅度上升，这表明居民的消费更加多元化。居民生活支出逐渐下降，但是居民住房消费支出比重上升，住房支出压力增大。2018 年城镇居民恩格尔系数为 27.7%，比 1978 年的 57.5% 下降了 29.8 个百分点；农村居民恩格尔系数为 30.1%，比 1978 年的 67.7% 下降了 37.6 个百分点。联合国公布的人类发展指数（HDI）用于衡量健康、教育和收入水平，1990~2017 年，全球的人类发展指数（HDI）提升 22%；中国人类发展指数由 0.502 上升到 0.752，提高了 49.8%，世界排名升至第 86 位，由低人类发展指数国家跃升为高人类发展指数国家[①]。

---

① 黄燕芬，张志开，杨宜勇. 新中国 70 年的民生发展研究 [J]. 中国人口科学，2019（6）：15-31+126.

第四章 "普惠性、基础性、兜底性民生"现状分析

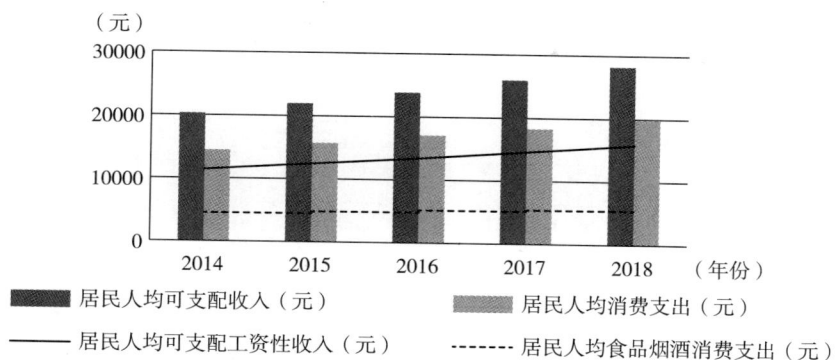

图 4.5　居民人均可支配收入与支出

资料来源：EPS DATA，中国宏观经济数据库。

2003年原劳动和社会保障部通过了《最低工资规定》，最低工资标准的实施有了正式的法律法规对其进行保障。最低工资标准被视为一项"兜底"指标，是在劳动者正常劳动情况下，用人单位必须依法支付的报酬，关系着劳动者的生活水平。根据人力资源与社会保障部2020年4月的数据（见表4.13），从全国各地区最低工资标准来看，上海、北京、广东、天津、江苏、浙江6省份第一档月最低工资标准超过2000元。第一档最低工资标准最高的是上海，为2480元，最低的是安徽为1550元，第四档工资标准最低的也是安徽，为1180元。全国第一档平均最低工资标准为1836元，第四档最低工资标准为1395元。全国各地最低工资标准是在综合考虑各地城镇居民最低收入群体人均消费支出、人均食品支出、恩格尔系数、赡养系数、城镇居民消费价格指数、在岗职工平均工资、职工个人缴纳的社会保险费及住房公积金等指标数据，结合近年来当地经济发展实际而确定的。因各地物价水平、收入水平有较大差别，最低工资标准差异也会较大。

表 4.13　全国各地区最低工资标准情况　　　　　　　　　　　　　单位：元

地区	月最低工资标准				小时最低工资标准			
	第一档	第二档	第三档	第四档	第一档	第二档	第三档	第四档
北京	2200				24.0			
天津	2050				20.8			
河北	1900	1790	1680	1580	19.0	18.0	17.0	16.0
山西	1700	1600	1500	1400	18.5	17.4	16.3	15.2

续表

地区	月最低工资标准				小时最低工资标准			
	第一档	第二档	第三档	第四档	第一档	第二档	第三档	第四档
内蒙古	1760	1660	1560	1460	18.6	16.6	16.5	15.5
辽宁	1810	1610	1480	1300	18.3	16.3	15.0	13.2
吉林	1780	1680	1580	1480	17.0	16.0	15.0	14.0
黑龙江	1680	1450	1270		16.0	13.0	12.0	
上海	2480				22.0			
江苏	2020	1830	1620		18.5	16.5	14.5	
浙江	2010	1800	1660	1500	18.4	16.5	15.0	13.6
安徽	1550	1380	1280	1180	18.0	16.0	15.0	14.0
福建	1800	1720	1570	1420	18.5	18.0	16.5	15.0
江西	1680	1580	1470		16.8	15.8	14.7	
山东	1910	173	1550		19.1	17.3	15.5	
河南	1900	1700	1500		19.0	17.0	15.0	
湖北	1750	1500	1380	1250	18.0	16.0	14.5	13.0
湖南	1700	1540	1380	1220	17.0	15.0	13.5	12.5
广东	2100	1720	1550	1410	20.3	16.4	15.3	14.0
其中：深圳	2200				20.3			
广西	1810	1580	1430		17.5	15.3	14.0	
海南	1670	1570	1520		15.3	14.4	14.0	
重庆	1800	1700			18.0	17.0		
四川	1780	1650	1550		18.7	17.4	16.3	
贵州	1790	1670	1570		18.6	17.5	16.5	
云南	1670	1500	1350		15.0	14.0	13.0	
西藏	1650				16.0			
陕西	1800	1700	1600		18.0	17.0	16.0	
甘肃	1620	1570	1520	1470	17.0	16.5	15.9	15.4
青海	1700				15.2			
宁夏	1660	1560	1480		15.5	14.5	13.5	
新疆	1820	1620	1540	1460	18.2	16.2	15.4	14.6
平均	1836	1631	1504	1395	18	16	15	14

资料来源：人力资源与社会保障部网站，http://www.mohrss.gov.cn/SYrlzyhshbzb/laodongguanxi_ /fwyd/202004/t20200426_ 366507.html。

第四章 "普惠性、基础性、兜底性民生"现状分析

四、病有所医

中华人民共和国成立70多年来，我国居民健康水平持续改善，人均预期寿命由35岁提高到77岁，婴儿死亡率由200‰下降到6.1‰，孕产妇死亡率由1500/10万下降到18.3/10万，主要健康指标优于中高等收入国家的平均水平[①]。

如表4.14所示，2018年，我国每千人口执业（助理）医师为2.59人，比2014年的2.12人增长了22%，但是相比一些发达国家还是存在一些差距，如德国、奥地利等均超过了4人。每千人口卫生技术人员由2014年的5.56人上升为2018年的6.83人，每千人口注册护士由2014年的2.20人上升为2018年的2.94人。每千人口医疗机构床位数由2014年的4.85张上升为2018年的6.03张，增长了24%，这些均表明我国的医疗卫生情况有所改善。

表4.14　每千人口卫生情况

	2014年	2015年	2016年	2017年	2018年
每千人口卫生技术人员合计（人）	5.56	5.83	6.12	6.47	6.83
每千人口执业（助理）医师合计（人）	2.12	2.22	2.31	2.44	2.59
每千人口注册护士合计（人）	2.20	2.37	2.54	2.74	2.94
平均每村乡村医生和卫生员（人）	1.64	1.78	1.79	1.75	1.67
平均每千农业人口乡村医生和卫生员（人）	1.09	1.07	1.04	1.01	0.97
每千人口医疗机构床位（张）	4.85	5.11	5.37	5.72	6.03
每千农业人口乡镇卫生院床位数（张）	1.20	1.24	1.27	1.35	1.43

资料来源：EPS DATA，中国卫生数据库。

表4.15统计了各年度诊疗相关情况，2018年诊疗人次共计11.1596亿次，

---

① 数据来源于人民网《庆祝新中国成立70周年活动新闻中心第二场新闻发布会》，http://politics.people.com.cn/GB/8198/429816/430134/430299/index.html，2019-09-26。

相较于2014年的10.2866亿次增长了8.49%；入院人数由2014年的3732.6053万人上升为2018年的3985.0865万人，增长6.76%；人均卫生费用由2014年的2581.6552元上升为2018年的4236.9800元，涨幅64.12%；卫生总费用占GDP的比重由2014年的5.55%上升为2018年的6.57%，涨幅18.38%。此外，数据显示，病人的平均住院日并没有发生太大的变化。在诊疗人次和入院人数以及住院时长增长都比较缓慢的情况下，缘何人均卫生费用增长如此之快？

表4.15 各年度诊疗相关情况

	2014年	2015年	2016年	2017年	2018年
诊疗人次（亿次）	10.29	10.55	10.82	11.11	11.16
入院人数（万人）	3732.61	3676.10	3799.94	4047.17	3985.09
病床使用率（%）	60.50	59.90	60.65	61.31	59.60
平均住院日（日）	6.27	6.40	6.44	6.31	6.40
人均卫生费用（元）	2581.66	2980.80	3351.74	3783.83	4236.98
卫生总费用占GDP比重（%）	5.55	5.98	6.23	6.36	6.57

资料来源：EPS DATA，中国宏观经济数据库。

表4.16为公立医院门诊和住院病人人均医药费用的数据，可以发现，2014~2018年，门诊病人次均医药费由221.6元上升至272.2元，增长22.83%，其中，挂号费降低了10.53%，检查费上升了26.79%，治疗费上升了39.19%，药费增长较缓，上升了5.03%。由此看来，门诊费用上升的部分主要在检查费和治疗费上。2014~2018年，住院病人人均医药费由8290.5元上升为9976.4元，增长20.34%。其中，床位费增长19.37%，检查费增长37.67%，治疗费增长33.66%，手术费增长41.70%，护理费增长78.80%，卫生材料费增长51.52%，药费反而降低了12.71%。这表明，在住院病人的花费中，药品类的费用有所降低，而护理类的费用则飞速增长，尤其是护理费和卫生材料费，在医护领域，同样出现人工成本上升的趋势。

第四章 "普惠性、基础性、兜底性民生"现状分析

表 4.16　公立医院门诊和住院病人人均医药费用　　　　单位：元

	2014 年	2015 年	2016 年	2017 年	2018 年
门诊病人次均医药费	221.6	235.2	246.5	257.1	272.2
挂号费	1.9	2.0	2.1	1.8	1.7
检查费	41.8	44.3	46.9	49.6	53.0
治疗费	22.2	23.9	25.4	28.0	30.9
药费	109.3	113.7	115.1	113.1	114.8
住院病人人均医药费	8290.5	8833.0	9229.7	9563.2	9976.4
床位费	321.7	335.8	348.7	369.0	384.0
检查费	685.2	753.4	805.2	864.3	943.3
治疗费	1079.8	1147.0	1211.6	1318.2	1443.3
手术费	498.1	520.6	563.1	639.9	705.8
护理费	180.2	201.3	233.4	283.3	320.9
卫生材料费	1233.7	1408.6	1579.9	1727.1	1869.3
药费	3187.1	3259.6	3195.6	2955.6	2781.9
住院病人日均医药费	843.8	903.1	965.3	1017.4	1067.6

资料来源：EPS DATA，中国卫生数据库。

从居民的收入角度来看，2018 年居民人均可支配收入为 28228.05 元，人均卫生费用占人均可支配收入的 15%，占人均消费支出的 21%，并且人均卫生费用的涨幅超过了人均可支配收入的涨幅。这在一定程度上反映了"看病贵"的现状。2018 年，卫生费用总计 59121.91 亿元，其中，政府卫生支出 16399.13 亿元，社会卫生支出 25810.78 亿元，个人卫生支出 16911.99 亿元，分别占卫生费用总支出的 27.74%、43.66%和 28.60%。如图 4.6 所示，在卫生费用支出中，个人所占比例越来越小，社会所占比例越来越大，政府支出比例从 2015 年之后增长所有放缓。社会卫生支出是指政府支出费用以外的社会各界和卫生事业的资金投入。虽然医疗费用的支出来源正越来越多元化，个人支出比例越来越小，但是仍需要建立良好的支撑医疗运行的社会保障体系。因此，国家不仅需要在医疗保障上继续加大投入，同时，还应对医疗保障的范围，进行更科学的界定，更合理地保障居民在医疗各类目上的支出。

从城乡居民参加医疗保险情况来看（见表 4.17），2017 年新型农村医疗合作（简称新农合）的参合率为 100%，补偿受益人次 2.52 亿人次，当年基金支

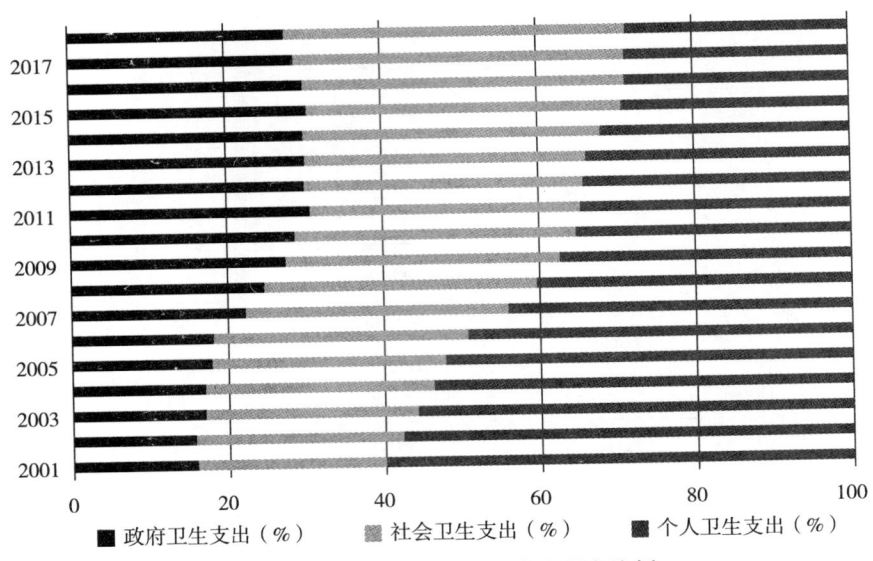

图4.6 不同主体卫生费用支出所占比例

出为754.22亿元,相比2014年的2890.40亿元降低了73.9%,参加新农合人数由7.36亿人降低为1.33亿人,降低了81.9%。

在城镇居民和职工基本医疗保险中,2014~2018年,城镇居民基本医保人数由31451万人增加为87936万人,增长了179.6%,城镇职工基本医保由28296万人增加至31681万人,增长了12.0%。

表4.17 城乡居民参加医疗保险情况

		2014年	2015年	2016年	2017年	2018年
新型农村医疗合作情况	参加新农合人数(亿人)	7.36	6.70	2.75	1.33	1.30
	参合率(%)	98.90	98.80	99.36	100.00	
	人均筹资(元)	410.89	490.30	559.00	613.46	654.60
	当年基金支出(亿元)	2890.40	2933.41	1363.64	754.22	839.00
	补偿受益人次(亿人次)	16.52	16.53	6.57	2.52	
城镇居民和职工基本医疗保险	参保人数(万人)	59747	66582	74392	117681	121417
	城镇居民基本医保(万人)	31451	37689	44860	87359	89736
	城镇职工基本医保(万人)	28296	28893	29532	30323	31681
	在岗职工(万人)	21041	21362	21720	22288	23308
	退休人员(万人)	7255	7531	7812	8034	8373

第四章 "普惠性、基础性、兜底性民生"现状分析

续表

		2014年	2015年	2016年	2017年	2018年
城镇职工基本医保收支	基金收入（亿元）	8037.90	9083.50	10273.70	12278.30	13538.00
	基金支出（亿元）	6696.60	7531.50	8286.70	9466.90	10707.00
	累计结存（亿元）	9449.80	10997.10	12971.70	15851.00	18750.00
	资助参加医疗保险人次数（人次）	67237218	62130148	5560417 7675	56210312	76739000
	直接医疗救助人次数（人次）	23953340	25158725	26961185	35170667	53610000

资料来源：EPS DATA，中国卫生数据库。

2020年6月24日，国家医疗保障局公布《2019年全国医疗保障事业发展统计公报》。公报显示，2019年参加全国基本医疗保险达到135407万人，参保率稳定在95%以上。其中，参加职工医保3.29亿人，参加城乡居民医保10.24亿人，享受待遇人次和医疗费用持续增加，住院费用政策范围内、实际报销水平均有所提高，居民医保住院费用实际报销比例全国平均59.7%，职工医保住院费用实际报销比例全国平均75.6%。此外，享受到跨省异地就医直接结算便利的人次增加，截至2019年底，长三角地区全部41个城市已经实现跨省异地就医门诊费用直接结算全覆盖，联网定点医疗机构5173家，累计结算64.6万人次，涉及医疗总费用14262.2万元。京津冀、西南五省份（云南、贵州、四川、重庆、西藏）已启动试点[①]。总体来看，不论是从制度还是参保人数上来看，中国基本医疗保险已经实现了全覆盖。

五、老有所养

养老是世界性难题。联合国对老龄化的定义是：65岁以上老人占总人口的7%，则将该地区视为进入老龄化社会。据此标准，中国于2000年就已进入老龄化社会，现在已进入老龄化快速发展时期。最新数据显示，截至2018年底，我国60岁以上老年人口达到2.49亿人，占总人口比例的17.9%；65岁以上的人口为16658万人，占总人口比例的11.9%。一般来说，老有所养，就是要满足老年人衣食住行的需要，为老年人继续生存下去提供物质保障。

表4.18统计了2014~2018年我国基本养老情况，2018年末我国参加基本

---

① 数据来源于中华人民共和国中央人民政府网站《中国基本医保覆盖13.5亿人 住院费用报销超60%》，http://www.gov.cn/xinwen/2020-06/27/content_5522166.htm，2020-06-27。

养老保险的人数为 94293.29 万人，占总人口的 67.58%，基本养老保险参保人数比 2017 年增长 3%。其中，城镇基本养老保险人数为 41901.63 万人，城乡居民基本养老保险 52391.66 万人。老年抚养比为 16.77%，比 2014 年增长 22%。老年人福利为 3701000 万元，人均养老福利为 148.34 元，相比 2014 年增长 107.76%。每千老年人口拥有养老床位数在 2016 年达到最高，为 31.60 张，随后有所下降，2018 年为 29.10 张，相比 2014 年增长 7%。但是，要实现原定每千名老年人拥有养老床位 35 张的阶段性目标，还需继续努力。截至 2018 年年底，享受护理补贴的老年人 74.8 万人，比 2017 年增长 22.0%；享受养老服务补贴的老年人 521.7 万人，比 2017 年增长 47.2%；享受其他老龄补贴的老年人 3.0 万人[①]。这些数据说明我国在老年人养老福利改善上进行了较大的投入，养老保险的覆盖面也在不断地扩宽，服务质量在稳步提升。

从养老金的收支来看，2018 年城镇职工基本养老保险收入 55005.26 亿元，比 2017 年增长 18%，支出 47550.41 亿元，盈余 7454.85 亿元，累计盈余 58151.57 亿元。总体来看，养老金的收入在 2017 年增长最快，随后有所放缓，支出则是 2016 年增长最快，随后有所降低，2018 年的增长速度与 2014 基本持平，结余则保持总体上升的趋势。

表 4.18 基本养老情况

	2014 年	2015 年	2016 年	2017 年	2018 年
基本养老保险人数（万人）	84231.86	85833.36	88776.81	91548.27	94293.29
城镇基本养老保险人数（万人）	34124.38	35361.17	37929.71	40293.30	41901.63
城乡居民基本养老保险（万人）	50107.48	50472.19	50847.10	51254.98	52391.66
每千老年人口拥有养老床位数（张）	27.20	30.30	31.60	30.90	29.10
城镇职工基本养老保险基金收入（亿元）	27619.90	32195.47	37990.79	46613.80	55005.26
城镇职工基本养老保险基金收入比上年增长（%）	11.67	16.57	18.00	22.70	18.00
城镇职工基本养老保险基金支出（亿元）	23325.80	27929.43	34004.29	40423.75	47550.41
城镇职工基本养老保险基金支出比上年增长（%）	17.70	19.74	21.75	18.88	17.63
城镇职工基本养老保险基金累计结余（亿元）	35644.50	39937.11	43965.24	50202.17	58151.57

---

① 数据来源于民政部网站《2018 年民政事业发展统计公报》，http://www.mca.gov.cn/article/sj/tjgb/201908/20190800 018807. shtml，2019-08-15。

第四章 "普惠性、基础性、兜底性民生"现状分析

续表

	2014 年	2015 年	2016 年	2017 年	2018 年
城镇职工基本养老保险基金累计结余比上年增长（%）	13.97	12.04	10.09	14.19	15.83
基本养老保险参保绝对人数（万人）	84231.86	85833.36	88776.81	91548.27	94293.29
基本养老保险参保人数比上年增长（%）	2.76	1.90	3.43	3.12	3.00
老年抚养比（%）	13.69	14.33	15.00	15.86	16.77
老年人福利（万元）	1516718.6	1927000	2612000	2939000	3701000
全国 60 岁及以上老年人口（万人）	21242	22200	23086	24090	24949
老年人口增长率（%）	4.94	4.51	3.99	4.35	3.57

资料来源：EPS DATA—中国宏观经济数据库、中国民政数据库、中国劳动经济数据库。

六、住有所居

住有所居，意在"有所居"，即全体国民，不论其职业、收入、城乡等方面的差异，都能够有地方住，享受到基本的住房条件和权利。要想实现这种安定有序、人人有所居的状态，高收入者当然可以通过市场机制购买商品住房以实现有所居，而中低收入者特别是城镇中低收入者在面临其支付能力和房价之间的巨大差距时，显得无能为力。所以"住有所居"的目标实现关键要解决中低收入者和"夹心层"群体[①]的住房问题。

2018 年，城镇居民人均住房建筑面积 39 平方米，比 1978 年增加 32.3 平方米；农村居民人均住房建筑面积 47.3 平方米，比 1978 年增加 39.2 平方米[②]。改革开放后，住房制度改革取得了巨大成就，形成了经济适用房、限价房、廉租房、公租房、共有产权房等保障性住房类型，基本建立起能够全覆盖、满足人们不同需求层级的多渠道供应、多层次保障的住房体系。

2018 年，居民人均居住消费支出为 4646.59 元，相比 2014 年增长了 45.18%，占居民人均消费支出的 23.40%（2018 年人均消费支出为 19853.14

---

① "夹心层"阶层是指既不符合购买经济适用房和限价房的条件，也无力购买商品房；既不属于低收入阶层，又无法承担当前的房价，置身于市场与保障之间的群体。实际上，"夹心层"主体由机关、企事业单位新参加工作的普通工作人员、军转干部、外地引进的人才、长期在城市并有稳定工作岗位的外来务工人员等组成。

② 建筑业持续快速发展 城乡面貌显著改善——新中国成立 70 周年经济社会发展成就系列报告之十［EB/OL］.http://www.stats.gov.cn/tjsj/zxfb/201907/t20190731_1683002.html，2019-07-31.

元)。表 4.19 中的数据还表明,不论是自有住房还是租房,消费价值指数都同步呈现上升趋势,这表明居民的居住消费支出还会进一步增加。2018 年住房保障支出为 6806.37 亿元,占国内生产总值的 0.76%,人均 GDP 为 64644 元,约 9300 美元。根据张超等(2018)计算出来的不同福利模式下住房保障支出水平的估计值,在我国"普惠性、基础性、兜底性"民生建设模式下,住房保障支出水平远超欧美各种福利模式下的保障支出水平(如表 4.20 所示),但没有跟上经济发展速度,亟须进一步提高。

表 4.19 住房消费情况

	2014 年	2015 年	2016 年	2017 年	2018 年
住房租金消费价格指数(上年=100)	103.3	101.7	102	102.8	103.5
自有住房消费价格指数(上年=100)	103.5	101.4	101.6	102.6	103.1
住房保障支出(亿元)	5043.72	5797.02	6776.21	6552.49	6806.37
住房及燃料类消费价格指数	101.95	110.17	110.85	109.98	112.33
居民人均居住消费支出(元)	3200.55	3419.23	3746.41	4106.87	4646.59
居民人均居住现金消费支出(元)	1215.72	1251.95	1359.82	1518.98	1615.1
人均 GDP(元)	47203	50251	53980	59201	64644

资料来源:EPS DATA—中国宏观数据库、中国劳动经济数据库。

表 4.20 不同福利模式下不同经济发展阶段住房保障支出水平估计值

人均 GDP(美元)	社会民主主义模式(%)	保守主义模式(%)	自由主义模式(%)
0	0.1867	0.0789	-0.0070
1000	0.2062	0.0984	0.0124
3000	0.2436	0.1357	0.0493
5000	0.2790	0.1780	0.0837
7000	0.3125	0.2038	0.1156
9000	0.3440	0.2345	0.1450
10000	0.3590	0.2491	0.1587
20000	0.4819	0.3645	0.2613
30000	0.5554	0.4252	0.3007
40000	0.5795	0.4312	0.2770
50000	0.5542	0.3825	0.1920
60000	0.4795	0.2790	0.0403

资料来源:张超,黄燕芬,杨宜勇.住房适度保障水平研究——基于福利体制理论视角[J].价格理论与实践,2018(10):20-25.

第四章 "普惠性、基础性、兜底性民生"现状分析

七、弱有所扶

"弱有所扶"中的"弱",广义上涵盖了社会中各类处于生活窘迫和发展困境的群体。不仅要关注弱势群体中的绝对贫困群体,也应该把社会中各类处于生活窘境和发展困境的群体纳入保障和改善民生的对象范围①。在政策实施上主要表现为精准扶贫与社会救助。

(一)精准扶贫

精准扶贫最早在2013年11月,习近平到湖南湘西考察时首次提出,"实事求是、因地制宜、分类指导、精准扶贫"。2014年1月,我国初步形成了精准扶贫工作模式,推动"精准扶贫"落地。2015年,我国进一步提出,因贫困类型施策,通过扶持生产和就业发展一批,通过易地搬迁安置一批,通过生态保护脱贫一批,通过教育扶贫脱贫一批,通过低保政策兜底一批,广泛动员全社会力量参与扶贫。我国脱贫标准是农民年人均纯收入按2010年不变价计算为2300元。2014年脱贫标准为2800元,若按每年6%的增长率调整,2020年全国脱贫标准约为人均纯收入4000元。按照这个标准,2014年末全国还有7017万农村贫困人口。到2020年,通过产业扶持,可以解决3000万人脱贫;通过转移就业,可以解决1000万人脱贫;通过易地搬迁,可以解决1000万人脱贫,总计5000万人左右;还有2000多万完全或部分丧失劳动能力的贫困人口,可以通过全部纳入低保覆盖范围,实现社保政策兜底脱贫②。

图4.7和图4.8显示了我国贫困人口脱贫的进度,总体来看,脱贫成果显著,截至2019年,我国贫困人口由2011年的12238万人减少为551万人,降低了95.50%;贫困率由12.7%降低为0.6%,降幅95.28%。

2013~2018年我国农村减贫人数分别为1650万人、1232万人、1442万人、1222万人、1037万人、1328万人,每年减贫人数均保持在1000万人以上。六年来,农村已累计减贫7969万人,年均减贫1373万人,六年累计减贫幅度达到83.2%,农村贫困发生率也从2012年末的10.2%下降到2018年末的1.7%,其

---

① 中央纪委监察部网站:十九大精神百问《"弱有所扶"如何实现?》,http://www.ccdi.gov.cn/special/zmsjd/zm19da_zm19da/201801/t20180102_160578.html,2018-01-03。

② 习近平.关于《中共中央关于制定国民经济和社会发展第十三个五年规划的建议》的说明[EB/OL].新华网,2015-11-03。

图 4.7 中国贫困人口脱贫进度

资料来源：《中国减贫数据库》，https://www.jianpincn.com/jzfpkhpg/。

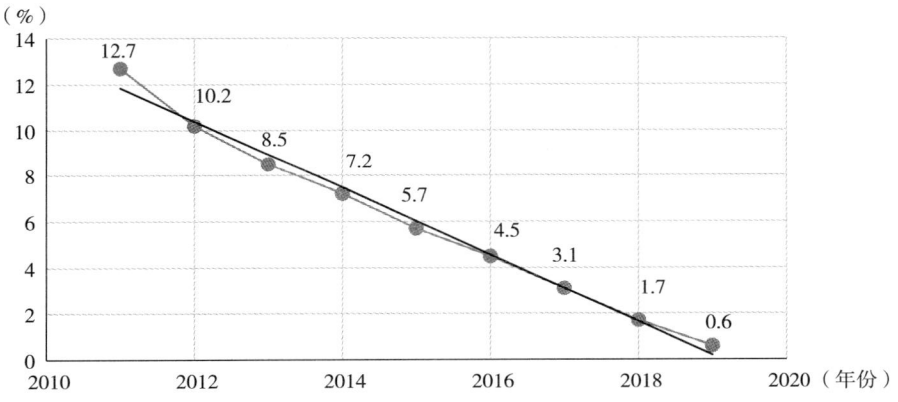

图 4.8 中国贫困率变化趋势

资料来源：《中国减贫数据库》，https://www.jianpincn.com/jzfpkhpg/。

中，10 个省份的农村贫困发生率已降至 1.0% 以下。2018 年，集中连片特困地区农村贫困人口 935 万人，比 2012 年末减少 4132 万人，六年累计减少 81.5%；农村贫困发生率从 2012 年末的 24.4% 下降至 2018 年末的 4.5%，累计下降 19.9 个百分点，年均下降 3.3 个百分点。592 个国家扶贫开发工作重点县农村贫困人口 915 万人，比 2012 年末减少 4190 万人，六年累计减少 82.1%；农村贫困发生率从 2012 年末的 24.4% 下降到 2018 年末的 4.3%，累计下降 20.1 个百分点，年均下降 3.4 个百分点。民族八省区农村贫困人口 602 万人，比 2012 年末减少 2519 万人，六年累计减少 80.7%；农村贫困发生率从 2012 年末的

第四章 "普惠性、基础性、兜底性民生"现状分析

21.1%下降至 2018 年末的 4.0%,累计下降 17.1 个百分点,年均下降 2.8 个百分点①。

从图 4.9 来看,自从 2014 年国家推出精准扶贫实施政策后,扶贫预算的力度激增,2017 年扶贫预算为 2469.41 亿元,占国家财政支出的 1.12%,其中,中央扶贫资金 7.14 亿元,地方扶贫资金 2462.27 亿元,人均扶贫资金为 8107.06 元,人均扶贫资金相比 2014 年增长了 5.84 倍。2020 年是我国脱贫攻坚决胜之年,任务艰巨。全国还有 52 个贫困县未摘帽、2707 个贫困村未出列、建档立卡贫困人口未全部脱贫。新冠肺炎疫情带来新的挑战。一是外出务工受阻。据国务院扶贫办统计,2019 年全国有 2729 万建档立卡贫困劳动力在外务工,这些家庭 2/3 左右的收入来自外出务工,涉及 2/3 左右建档立卡贫困人口。二是扶贫产品销售和产业扶贫困难。贫困地区农畜牧产品卖不出去,农用物资运不进来,生产和消费下降,影响产业扶贫增收。三是扶贫项目停工②。易地扶贫搬迁配套、饮水安全工程、农村道路等项目开工不足,不能按计划推进。四是帮扶工作受到影响。因此,必须克服困难,确保如期完成脱贫攻坚目标任务,确保全面建成小康社会。

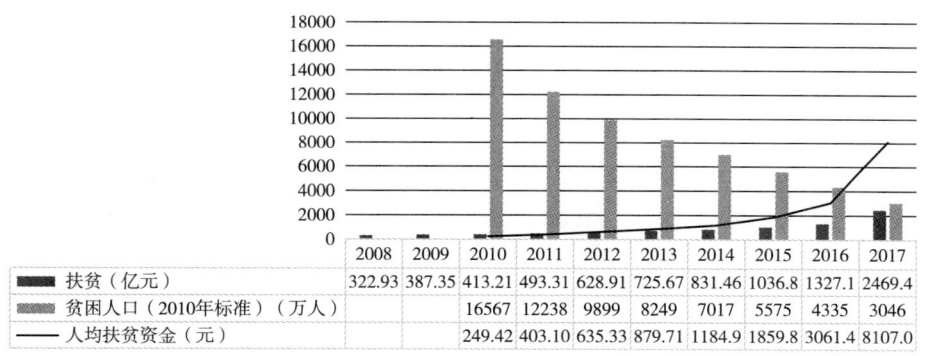

图 4.9 扶贫预算数

---

① 国家统计局. 扶贫开发持续强力推进 脱贫攻坚取得历史性重大成就——新中国成立 70 周年经济社会发展成就系列报告之十五 [EB/OL]. http://www.stats.gov.cn/tjsj/zxfb/201908/t20190812_1690526.html, 2019-08-12.

② 习近平在决战决胜脱贫攻坚座谈会上的讲话 [EB/OL]. 人民网, http://dangjian.people.com.cn/n1/2020/0309/c117092-31622831html.

(二) 社会救助

社会救助是最早、最基本的社会保障方式，是整个社会保障体系中最基础的制度安排，发挥着保障国民基本生活、维护社会稳定的托底性功能。随着经济的快速增长和政府采取强有力的反贫困措施，我国几亿人实现脱贫，而在帮助绝对贫困群体的同时，也应该把相对贫困人群纳入保障和改善民生的对象范围，这就需要社会救助在脱贫攻坚中切实发挥兜底保障作用[①]。

2018年我国参加失业保险人数为19643.5万人，占全国就业人数的25.32%。其中，全年发放失业保险人数为452.25万人，占参保人数的2.3%，共发放失业保险金357.62亿元，人均失业保险发放数额为7907.57元，相比2013年增长了62.16%。

2018年我国社会服务经费合计4076.9亿元，占国家财政支出比重的1.8%。其中社会福利1064.8亿元，社会救助2224亿元。社会救助中最低生活保障1632.1亿元，城市最低生活保障575.2亿元，农村最低生活保障1056.9亿元。在最低保障中，城市居民最低生活保障人数为1007万人，最低生活保障家庭数605.1万户；农村居民最低生活保障人数为3519.1万人，最低生活保障家庭数1901.7万户。

从"十三五"时期社会救助的覆盖情况来看（见表4.21），农村居民最低生活保障人数在持续稳定降低，2013~2018年由5388.02万人降低到3519.1万人，降低了34.69%。农村特困人员供养人数在持续降低，由537.3万人降低至455万人，而城市特困人员供养人数却由8.6万人上升至27.7万人，特困人员的救助金也增长了77.24%，直接医疗救助人次由21263657人次上升为53610000人次，救助力度大大提高。

表4.21 "十三五"时期社会救助主要项目覆盖情况及与相关年份比较

年份	2013	2014	2015	2016	2017	2018
农村居民最低生活保障人数（万人）	5388.02	5207.2404	4903.5544	4586.4626	4045.2	3519.1
农村特困人员供养人数（万人）	537.3	529.1	516.8	496.9	466.9	455
城市特困人员供养人数（万人）	8.6	7.6	6.8	9.1	25.4	27.7

---

① 赵祯祺. 社会救助：要切实发挥"兜底"保障作用 [J]. 中国人大，2019 (11)：36-37.

第四章 "普惠性、基础性、兜底性民生"现状分析

续表

年份	2013	2014	2015	2016	2017	2018
特困人员救助金（亿元）	—	189.8	214.9	237.3	290.5	336.4
城乡残疾人纳入最低生活保障（万人）	1093	1105.6	1088.5	—	—	—
扶持贫困残疾人（万人次）	238.7	233.2309	226.7548	—	—	—
直接医疗救助人次数（人次）	21263657	23953340	25158725	26961185	35170667	53610000

资料来源：EPS DATA—中国民政数据库。

表4.22统计了2013~2018年社会救助的情况，2018年城市居民最低生活保障人数为1007万人，相比2013年降低了51.22%，农村居民最低生活保障人数则由2013年的5388.0万人降低为2018年的3519.1万人，降低了34.69%。此外，社会保障总支出由2013年的14490.54亿元上升为2017年的24612亿元，其中就业补助817亿元，城市居民最低保障572亿元，自然灾害生活救助192亿元，分别占财政总支出的12.1%、0.4%、0.3%和0.1%。

表4.22 2013~2018年社会救助情况

	2013年	2014年	2015年	2016年	2017年	2018年
年末参保失业保险人数（万人）	16416.8	17042.6	17326	18088.8	18784.2	19643.5
全年发放失业保险金人数（万人）	416.7	422	456.8	483.9	458.1	452.25
全年发放失业保险金（亿元）	203.2	233.3	269.8	309.4	318.2	357.62
城市居民最低生活保障人数（万人）	2064.2	1877	1701.1	1480.2	1261.0	1007.0
农村居民最低生活保障人数（万人）	5388.0	5207.2	4903.6	4586.5	4045.2	3519.1
社会保障总支出（亿元）	14490.54	15968.85	19018.69	21591	24612	—
就业补助（亿元）	822.56	870.78	870.93	785	817	—
城市居民最低生活保障（亿元）	763.38	737.47	753.81	716	572	—
自然灾害生活救助（亿元）	240.91	210.47	195.52	273	192	—
社会保障总支出占财政总支出比重（%）	10.33	10.52	10.81	11.5	12.1	—
就业补助占财政总支出比重（%）	0.59	0.57	0.5	0.4	0.4	—
城市居民最低生活保障占财政总支出比重（%）	0.54	0.49	0.43	0.4	0.3	—

续表

	2013年	2014年	2015年	2016年	2017年	2018年
自然灾害生活救助占财政总支出比重（%）	0.17	0.14	0.11	0.1	0.1	—
城镇登记失业人数（万人）	—	952	966	982	972	—
城镇登记失业率（%）	—	4.1	4.05	4.02	3.9	—
贫困人口（2010年标准）（万人）	—	7017	5575	4335	3046	—
贫困发生率（2010年标准）（%）	—	7.2	5.7	4.5	3.1	—

资料来源：EPS DATA—中国劳动经济数据库。

在其他社会救济中，城市其他社会救济费用为1632.1亿元，农村其他社会救济为591.9亿元。在提供社会救济的机构中，2018年可提供住宿的社会服务机构为31291个，其中城市17406个，农村13885个；床位数408.1万张，城市253.9万张，农村154.2万张；收养人数211.9万人，城市124.9万人，农村87万人（见表4.23）。在整体的趋势上，可提供住宿的社会服务机构在逐渐减少，然而，城市的服务单位机构在稳步提升，而农村的服务机构在急剧减少，2013~2018年，农村可提供住宿的社会服务机构、床位数以及收养人数均减少显著。

表4.23 2013~2018年社会服务机构情况

可提供住宿的社会服务机构	2013年	2014年	2015年	2016年	2017年	2018年
单位数（个）	45977	36810	31187	31912	31930	31291
城市	15730	16549	15600	16514	16923	17406
农村	30247	20261	15587	15398	15006	13885
床位数（万张）	462.4	426	393.2	414	419.6	408.1
城市	189.6	206.4	216.1	234.1	242.9	253.9
农村	272.8	219.6	177.1	179.9	176.7	154.2
收养人数（万人）	322.5	334	236.3	236.3	228.8	211.9
城市	121.3	127.6	121.1	123.1	127.3	124.9
农村	201.2	155.7	115.2	113.2	101.3	87

资料来源：EPS DATA—中国民政数据库。

第五章 "普惠性、基础性、兜底性民生""短板"分析

分析"普惠性、基础性、兜底性民生"建设现状的目的是找出"短板"和不足,为探索有针对性的民生建设途径、精准施策打下基础。

第一节 "七有"民生建设"短板"分析

一、"幼有所育"方面的"短板"

中华人民共和国成立 70 多年来,中国幼有所育事业成绩斐然,学前教育进入法制化制度化轨道,覆盖面大幅扩大,质量显著提高,普惠性学前教育飞跃发展,为儿童茁壮成长营造了良好环境。但仍旧在总量和平衡性上存在不足。幼教发展的不平衡,主要表现在城乡不平衡和不同办学主体间的不平衡。

(一)城乡幼教的不平衡

表 5.1 统计了城乡之间幼儿教育教职工和幼儿园的情况,2014~2018 年学前教育的城乡差距虽然有所缩小,但整体差距依然较大。2018 年城区幼儿园教职工数是乡村教职工数的 3.11 倍,幼儿园园长数是乡村的 1.59 倍;专任教师数是农村的 2.89 倍。此外,在教职工的学历和职称上,城区教师的水平也普遍高于乡村,研究生学历的园长和教师是乡村的 18.84 倍,本科学历的是乡村的 4.80 倍;相反,乡村教师以高中及高中以下学历居多,达到了乡村教师的 55.42%。这说明在师资力量上城乡之间还存在较大的差距。在幼儿教育的服务上,城区保健医师数是乡村的 4.63 倍,保育员数是乡村的 3.44 倍,城区的幼

儿教育整体上显得更加规范，人员配备更加齐全。

在入园人数上，城区高于乡村，但是在幼儿园园数上，乡村要多于城区，说明城区每个幼儿园招收了更多的学龄儿童，更易于形成规模效应节约幼儿园的边际成本，从而有利于提供更多的幼儿服务。

表 5.1 城乡幼儿教育情况

	2018 年	合计	城区	城乡结合处	乡镇	镇乡结合处	乡村
教职工情况	幼儿园教职工数（人）	4531454	2253425	357026	1552441	396913	725588
	幼儿园园长数（人）	292146	117034	20513	101276	28769	73836
	专任教师（人）	2581363	1230946	193891	924801	233566	425616
	保健医数（人）	112984	65951	10001	32790	8684	14243
	保育员数（人）	910332	468780	74894	305300	77806	136252
	其他教职工数（人）	634629	370714	57727	188274	48088	75641
	代课教师数（人）	157980	36706	5881	74361	20498	46913
	兼任教师数（人）	46833	10424	1861	18127	3934	18282
	研究生毕业的园长、专任教师数（人）	7852	6405	444	1107	209	340
	本科毕业的园长、专任教师数（人）	686328	382192	43536	224475	47511	79661
	专科毕业的园长、专任教师数（人）	1658526	793574	133367	591839	151922	273113
	高中阶段毕业的园长、专任教师数（人）	476148	157660	34904	189449	56720	129039
	高中阶段以下毕业的园长、专任教师数（人）	44655	8149	2153	19207	5973	17299
	小学高级园长、专任教师数（人）	200858	96810	8294	74375	15277	29673
	未定职级园长、专任教师数（人）	2143594	998100	175625	759817	206827	385677
幼儿园园数	幼儿园园数（所）	266677	83732	16274	88894	26857	94051
	幼儿园班数（个）	1678924	628063	108963	597727	165057	453134
	入园（班）人数（人）	18639134	6508436	1163393	7246963	1895047	4883735

资料来源：EPS DATA——中国教育数据库。

（二）不同办学主体间的不平衡

从不同的主办部门来看，民办幼儿园是幼儿教育的主力军，2018 年民办幼儿园的教职工人数是教育部门主办的幼儿园教职工人数的 2.59 倍，专任教师

第五章 "普惠性、基础性、兜底性民生""短板"分析

数是 2.12 倍，保健医数和保育员数分别是教育部门主办幼儿园的 4.17 倍和 3.48 倍。在教职工上，公办幼儿园的代课教师是民办幼儿园的 51.69 倍，占教育部门办幼儿园教职工人数的 12.39%（见表 5.2）。公办幼儿园的编制限制了其教职工用工人数。

表 5.2 不同部门举办的幼儿教育情况

	2018 年	合计	教育部门办	其他部门办	地方企业办	事业单位办	部队办	集体办	民办
教职工情况	幼儿园教职工数（人）	4531454	1156924	71775	44244	50089	18494	188924	3000568
	幼儿园园长数（人）	292146	68179	2957	2144	3241	820	11412	203383
	专任教师（人）	2581363	758385	39790	24438	29496	9212	110914	1608936
	保健医数（人）	112984	19986	1963	1211	1278	705	4376	83451
	保育员数（人）	910332	188137	13141	8153	8568	3311	34761	654161
	其他教职工数（人）	634629	122237	13924	8298	7506	4446	27461	450637
	代课教师数（人）	157980	143304	2487	677	2470	86	6184	2772
	兼任教师数（人）	46833	20423	8099	62	1114	31	770	16334
幼儿园园数	幼儿园园数（所）	266677	82608	1750	1280	3142	499	11611	165779
	幼儿园班数（个）	1678924	586302	20923	10203	21008	3599	61626	975181
	入园（班）人数（人）	18639134	7404095	295915	97649	247417	29725	590968	9972628

资料来源：EPS DATA—中国教育数据库。

在幼儿园入园人数上，民办幼儿园要高于教育部门办的幼儿园，但是在每所幼儿园的入园人数上，民办幼儿园还是要低于教育部门办的幼儿园。

2018 年 11 月，《中共中央国务院关于学前教育深化改革规范发展的若干意见》发布，提出到 2020 年，全国学前三年毛入园率达到 85%，普惠性幼儿园覆盖率（公办园和普惠性民办园在园幼儿占比）达到 80%。自此，大量民办幼儿园申请建设成为普惠性幼儿园。当前，我国普惠性民办幼儿园财政补助存在形式较为单一、部分地区标准偏低和区域间差距较大等问题（如表 5.3 所示），导致民办普惠性幼儿园投入动力不足，以致普惠性民办幼儿园的教师待遇、办学条件与公办幼儿园仍旧有差距。

表 5.3 部分省（自治区/直辖市）普惠性幼儿园补助及收费标准

单位：元/生·年

省（市、区）	普惠性民办园补助标准	普惠性民办园收费标准	公办园补助标准	备注
安徽	200~300	未规定	不低于500	
浙江	500	不高于同级公办园的2倍	500	
北京	12000	不高于公办幼儿园政府指导价。250×月数-750×月数	12000	降价成为普惠性幼儿园的，一次性补助3000/生，对通过租赁场所新举办普惠性幼儿园（包括举办分址分部）给予租金补助，普惠性幼儿园子新增学位按照10000/生的标准给予一次性扩学位补助
福建	不超过150	不高于公办园2倍	不低于450	
甘肃	1000	—	1000	
广西	200	—	300~500	普惠性民办园每新增一个标准班按区域不同给予50000~70000的一次性奖励
河南	不低于200	—	3000~5000	
天津	2800~4400	不高于1590×月数	不低于1200	
江苏	不低于300	—	不低于300	
江西	—	不超过公办园收费标准的50%	不低于600	
山东	不低于710	420×月数-660×月数	不低于710	
内蒙古	120	378×月数-1375×月数	600	
重庆	600~800	不超过400×月数	500~700	
宁夏	不低于160	—	300	

资料来源：杨卫安，袁媛，岳丹丹. 普惠性民办幼儿园财政补助的问题与改进——基于全国部分地区补助标准的考察 [J]. 教育与经济，2020，36（3）：50-57.

第五章 "普惠性、基础性、兜底性民生""短板"分析

二、"学有所教"方面的"短板"

中华人民共和国成立 70 多年来，虽然中国教育事业中途遇到一些挫折，但总体而言取得巨大成就，教育公平取得突破性进展，各类教育事业蓬勃发展，义务教育全面普及，职业教育加速发展，高等教育质量不断提升。但学有所教仍存在发展不充分不平衡的问题，教育存在城乡差距、区域差距、校际差距、群体差距，教育不公平现象依然存在。

1. 小学

在小学教育中，城区小学生在校人数为 37221569 人，乡村小学生在校人数为 26664138 人，乡村是城市的 1.40 倍，城区教职工人数为 1814801 人，乡村教职工人数为 1829645 人，城乡教职工人数几近持平。然而，城区的生师比为 20.15，乡村的生师比为 14.57，城市学生更集中一些。

根据《关于统筹推进城乡义务教育一体化改革发展的若干意见》，标准班额为小学 45 人、初中 50 人，56 人以上的班叫作大班额，66 人以上叫超大班额。究其原因，源于"城市挤"和"乡村弱"。消除"大班额"，需均衡配置优质教学资源。从表 5.4 来看，在小学教育中，城区主要是以 36~45 人以及 45~55 人的班额数较多，45 人以上的班数占城区总班数的 44.76%；乡村则主要是 45 人以下的班数较多，45 人以上的班数占比 9.39%。相比较而言，城市"大班额"的现象普遍比农村突出。

表 5.4 城乡小学班级情况

		总计	城区	城乡结合区	镇区	镇乡结合区	乡村
小学班数（个）		2753904	828970	160863	940927	286187	984007
按班额分	25 人及以下的班数（个）	32325	14548	85493	47723	440733	
	26~35 人的班数（个）	78218	21590	125578	50585	233515	
	36~45 人的班数（个）	347345	68012	389023	109570	217397	
	46~55 人的班数（个）	283383	45950	262321	62386	79896	
	56~65 人的班数（个）	79863	10194	74262	15194	11723	
	66 人及以上的班数（个）	7836	569	4250	729	743	

资料来源：EPS DATA—中国教育数据库。

"普惠性、基础性、兜底性民生"建设研究

表 5.5 统计了城乡小学生数、教职工以及教学设施情况。从小学招生数中受过学前教育的人数来看，2018 年城区小学招生数中受过学前教育的人数为 7092830 人，占小学招生人数的 99.41%；乡村小学招生数中受过学前教育的学生为 4616559 人，是城区的 65.09%，占小学招生人数的 98.07%。总体来看，小学招生人数中绝大多数学生都接受过学前教育，在城乡之间差别不大。

表 5.5 城乡小学学生数、教职工以及教学设施情况

	总计	城区	城乡结合区	镇区	镇乡结合区	乡村
小学学校数（所）	161811	27811	7857	43397	17548	90603
小学班数（个）	2753904	828970	160863	940927	286187	984007
小学招生数中受过学前教育人数（人）	18495116	7092830	1304695	6785727	1938955	4616559
小学招生数（人）	18672970	7135059	1312813	6830370	1949855	4707541
小学在校生数（人）	103392541	37221569	6695293	39506834	10929611	26664138
小学教职工数（人）	5732525	1814801	315653	2088079	590273	1829645
生师比	18.04	20.51	21.21	18.92	18.52	14.57
小学专任教师数（人）	5372468	1697890	294005	1957148		1717430
小学专任教师占教职工比重（%）	93.72	93.56	93.14	93.73		93.87
图书（册）	2402940958	839652362	146521742	871454327	255490961	691834269
计算机数（台）	13561500	4931224	862631	4520449	1365835	4109827

从教学软硬件上来看，城区小学拥有图书共 839652362 册，乡村小学拥有图书 691834269 册，城区学校所拥有的图书册数是乡村图书册数的 1.21 倍。城区小学拥有的计算机数量为 4931224 台，校均拥有计算机 177.31 台；乡村小学拥有计算机 4109827 台，校均拥有计算机 45.36 台，城区校均拥有的计算机量是乡村的近 4 倍，具有较大差距。

2. 中学

从专任教师年龄上来看，25~55 岁是教师的主要年龄段（见图 5.1），而且任何年龄阶段，城区的专任教师数都远远高于乡村的专任教师数。2018 年，城区初中在校生数为 16918809 人，专任教师数为 1296529 人，生师比为 13.05；乡村中学初中生在校人数为 6484062 人，专任教师为 563326 人，生师比为 11.51。

第五章 "普惠性、基础性、兜底性民生""短板"分析

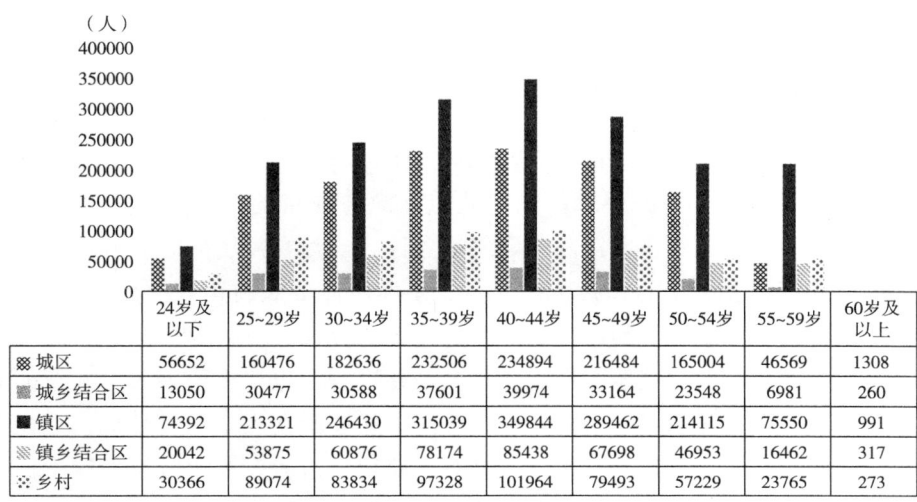

	24岁及以下	25~29岁	30~34岁	35~39岁	40~44岁	45~49岁	50~54岁	55~59岁	60岁及以上
城区	56652	160476	182636	232506	234894	216484	165004	46569	1308
城乡结合区	13050	30477	30588	37601	39974	33164	23548	6981	260
镇区	74392	213321	246430	315039	349844	289462	214115	75550	991
镇乡结合区	20042	53875	60876	78174	85438	67698	46953	16462	317
乡村	30366	89074	83834	97328	101964	79493	57229	23765	273

图 5.1 城乡专任教师年龄分布情况

从软硬件设施上，城市中学图书拥有量要高于乡村中学，是乡村中学的两倍多（见表 5.6）；城区中学校均拥有计算机 257.00 台，乡村中学校均拥有计算机 92.89 台。但是在理科实验仪器达标校数、建立校园网校数和接入互联网校数上区别不大。

表 5.6 城乡中学教学设施情况

	总计	城区	城乡结合区	镇区	镇乡结合区	乡村
校舍建筑面积（平方米）	643681318.1	207494924.9	42451109.41	318565540.6	79555581.66	117620852.6
学校占地面积（平方米）	1626741016	417500494.6	95237991.9	845182827	204182314	364057694.7
初中阶段学校数（所）	51982	12821	2699	24369	5775	14792
图书（册）	1669717145	576113924	109900382	814645862	202204607	278957359
计算机数（台）	8476864	3295061	601221	3807772	933803	1374031
理科实验仪器达标校数（所）	49713	12003	2539	23590	5540	14120
建立校园网校数（所）	40179	11040	2292	18861	4554	10278
接入互联网校数（所）	51443	12594	2659	24194	5721	14655

"普惠性、基础性、兜底性民生"建设研究

3. 留守儿童以及随迁子女

除了城乡差距之外,留守儿童以及随迁子女也是教育公平中应该重视的问题。如表5.7所示,不论是高中、初中还是小学阶段,随迁子女占在校生中的比例均呈现出增长的趋势。根据《2018年农民工监测调查报告》,3~5岁随迁儿童入园率提高,义务教育阶段随迁儿童在政府支持的民办学校就读比例提高,但本地升学入园难、费用高问题仍需关注。虽然农民工的总量升速有所放缓,但是我国存在大量的农村留守儿童,小学阶段的农村留守儿童2018年达到998.7万人;初中阶段的农村留守生有475.7万人。教育等公共服务的城乡二元分割,严重制约了我国的现代化和城镇化进程,也严重伤害农村儿童的健康成长。表5.7还显示,越是高年级,农民工随迁子女入学比例越低,这说明越是高年级,农民工随迁子女入学越困难,获得城市教育资源越难。这不但有初高中教育城乡分割更严重的问题,还有高等教育区域分割的问题。

表5.7 随迁子女情况　　　　　　　　　　　　　　　单位:人,%

	2013年	2014年	2015年	2016年	2017年	2018年
普通高中在校生数	24358817	24004723	23743992	23666465	23745484	23753709
随迁子女	684722	831823	988392	1114474	1228842	1346942
随迁子女占比	2.81	3.47	4.16	4.71	5.18	5.67
初中在校生数	44401248	43846297	43119500	43293684	44420630	46525854
随迁子女	4267777	4474023	4674284	4750492	4922520	5185364
随迁子女占比	9.61	10.20	10.84	10.97	11.08	11.15
进城务工人员随迁子女	3463140	3391446	3535380	3580615	3644540	3756475
农村留守儿童	6862774	6658856	6355741	5362151	4860813	4757195
小学在校生数	93605487	94510651	96921831	99130126	100936980	103000000
随迁子女	11868126	12614985	13434343	13756900	14052027	14338773
随迁子女占比	12.68	13.35	13.86	13.88	13.92	13.87
进城务工人员随迁子女	9308533	9555861	10135581	10367103	10421804	10483928
农村留守儿童	14404725	14095310	13836634	11900723	10644790	9986919
农民工数量(万人)	26894	27395	27747	28171	—	28836
外出农民工	16610	16821	16884	16934	—	17266
本地农民工	10284	10574	10863	11237	—	11570

资料来源:EPS DATA—中国教育数据库;农民工数量来自于国家统计局各年度《全国农民工监测调查报告》。

第五章　"普惠性、基础性、兜底性民生""短板"分析

三、"劳有所得"方面的"短板"

随着改革开放和社会主义市场经济的发展，居民收入来源出现多元化趋势，经营性收入、投资及财产性收入等不断增加，但对绝大多数普通老百姓来说，主要收入来源仍然是劳动报酬。我国仍然存在着普通劳动者收入偏低和不同地区、行业、群体之间收入差距过大等分配不公现象。在做大财富"蛋糕"的同时分好"蛋糕"，让全体人民共享改革发展成果，是加快转变经济发展方式的内在要求，也是维护社会公平正义、促进社会和谐稳定的迫切需要。

（一）收入差距

在收入差距上，我国既存在城乡差距，也存在不同层级劳动者和居民户的差距。

在劳动收入与支出上，2018 年全国人均可支配年收入为 28228.05 元，城市居民人均可支配年收入为 39250.84 元，农村居民可支配年收入为 14617.03 元，城市人均可支配年收入为农村的 2.59 倍（见表 5.8）。其中，可支配工资性收入城市居民为农村居民的 3.97 倍。在工资收入上，城乡之间存在较大的差距。

表 5.8　五等分居民收入情况

2018 年	全国	城市居民	农村居民
可支配人均年收入（元）	28228.05	39250.84	14617.03
可支配工资性人均收入（元）	15829.05	23792.21	5996.08
人均消费支出（元）	19853.14	26112.31	12124.27
低收入户（20%）人均可支配收入（元）	6440.48	14386.87	3666.16
中等偏下户（20%）人均可支配收入（元）	14360.52	24856.51	8508.49
中等收入户（20%）人均可支配收入（元）	23188.9	35196.11	12530.23
中等偏上户（20%）人均可支配收入（元）	36471.36	49173.5	18051.47
高收入户（20%）人均可支配收入（元）	70639.51	84907.13	34042.57

资料来源：EPS DATA—中国宏观经济数据库。

在全国五等分收入中,低收入户(20%)人均可支配收入为6440.48元,城市居民为14386.87元,农村居民为3666.16元,城乡相差2.92倍;中等偏下户(20%)人均可支配收入为14360.52元,城市居民为24856.51元,农村居民为8508.49元,城乡相差1.92倍;中等收入户(20%)人均可支配收入为23188.9元,城市居民为35196.11元,农村居民为12530.23元,城乡相差1.81倍;中等偏上户(20%)人均可支配收入为36471.36元,城市居民为49173.5元,农村居民为18051.47元,城乡相差1.72倍;高收入户(20%)人均可支配收入为70639.51元,城市居民为84907.13元,农村居民为34042.57元,城乡相差1.49倍。在高低收入的差距中,城市居民中高收入者为低收入者的5.90倍,农村居民中高收入者为低收入者的9.29倍,城市居民高收入者为农村居民低收入者的23.16倍。以上数据说明,城乡之间、不同群体之间依然存在较大的收入差距。

在消费支出上,城市居民为26112.31元,农村居民为12124.27元,城乡之间相差1.15倍。在消费的各项支出中,城市居民和农村居民的消费项目主要是食品烟酒、居住消费以及交通通信的支出,总共占消费支出的65%与66%。城市居民在食品烟酒的消费为28%,农村为30%,说明农村居民的恩格尔系数高于城市居民两个百分点,农村居民的消费水平更低,如图5.2和图5.3所示。

(二)最低工资标准及劳动报酬引起的劳动争议

根据马克思的劳动价值论,工资是劳动力价值或价格的转化形式。劳动力商品的价值,是由生产和再生产劳动力这种特殊商品所需要的社会必要劳动时间决定的;劳动力的价值,是由生产、发展、维持和延续劳动力所必需的生活资料的价值决定的。据此,劳动者的工资应该能够满足维持本人生存与发展及家庭的生存与发展的需要。

确立最低工资标准要考虑的因素有,当地就业者及其赡养人口的最低生活费用、城镇居民消费价格指数、职工个人缴纳的社会保险费和住房公积金、职工平均工资、经济发展水平、就业状况等因素。用公式表示即为:

$$M = f(C, S, A, U, E, a)$$

式中,M 为最低工资标准;C 为城镇居民人均生活费用;S 为职工个人缴纳社会保险费、住房公积金;A 为职工平均工资;U 为失业率;E 为经济发展水平;a 为调整因素。

第五章 "普惠性、基础性、兜底性民生""短板"分析

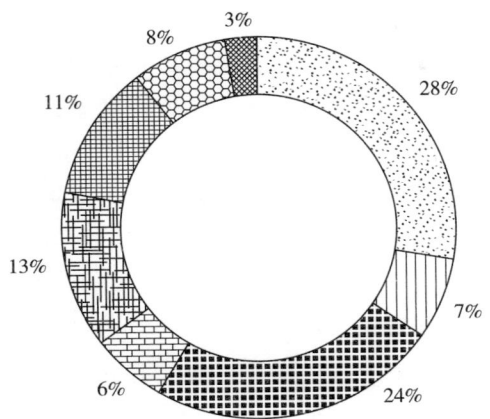

图 5.2　城市居民消费支出情况

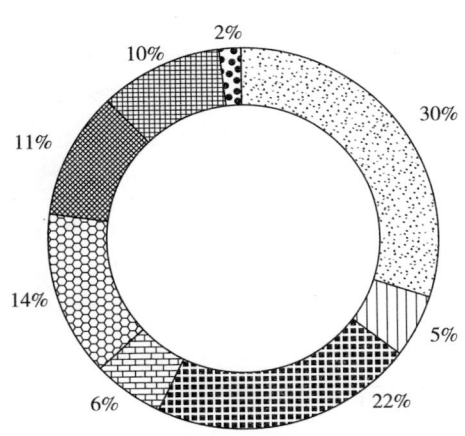

图 5.3　农村居民消费支出情况

国际上通常用两种方法确定最低工资：一是比重法，即根据城镇居民家庭

收入情况，确定一定比例的最低人均收入户为贫困户，统计出贫困户的人均生活费用支出水平，以此为基础进行计算。二是恩格尔系数，即根据国家营养学会提供的年度标准食物谱及标准食物摄取量，结合标准食物的市场价格，计算出最低食物支出标准，从而得出最低生活费用标准，作为最低工资的基础。

根据我国《最低工资规定》，最低工资标准的确定和调整方案由省、自治区、直辖市人民政府劳动保障行政部门会同同级工会、企业联合会/企业家协会研究拟订；每两年至少调整一次；要求地方政府参考职工个人缴纳社会保险费、住房公积金、职工平均工资水平、社会救济金和失业保险金标准、就业状况、经济发展水平等，但各地政府均以贫困户的人均生活支出标准计算最低工资，即贫穷人口的生存工资；最低工资=生存工资。大多数使用农民工等边缘劳动群体的职业，以最低工资定薪，降低了这部分劳动者的收入，于是很多企业出现"自愿加班"现象，企业管理者以"不安排加班"惩罚表现不好的员工这种怪事。

劳动报酬是劳动争议的主要议题。我国劳动争议案件呈现逐年上升的趋势，2018年为894053件，其中，集体劳动争议案件数为8699件，劳动者申诉案件数为869421件，涉及的劳动者当事人数为1110175人，占总劳动人口的0.14%。在劳动争议案件中，因劳动报酬引发的案件数为380751件，占总案件受理数的42.59%；因社会保险引发的争议案件数为144533件，占总案件受理数的16.17%；因解除、终止劳动合同争议案件数为195063件，占总案件受理数的21.82%。在所有的争议案件处理中，劳动者胜诉案件为276642件，用人单位胜诉案件为93823件，双方部分胜诉及其他为513758件[①]。自从2008年实行《中华人民共和国劳动合同法》以来，工作场所中的劳动不平等事件受到关注，也在不断改善；但工作场所中劳动权益受损的情况仍较多。

四、"病有所医"方面的"短板"

我国已建立了全面的医疗保险制度、大病救助机制，解决了"有病无医"的难题。但依然存在覆盖面不广、机制不健全等问题；医药费用居高不下，导致看病难、看病贵等问题依然凸显。

如表5.9所示，从城乡卫生人员的分布上来看，城市医院较多，比农村基

---

① 数据来源：EPS DATA——中国宏观经济数据库。

第五章 "普惠性、基础性、兜底性民生""短板"分析

层医疗卫生机构人员多近 200 万人。

表 5.9 城乡医疗卫生人员情况　　　　　　　　　　　单位：人

2018 年	卫生人员总计	医院人数总计	基层医疗卫生机构人员数总计	专业公共卫生机构人员数总计
合计	12300325	7375273	3964744	882671
城市	6263898	4671453	1085747	448564
农村	6026427	2703820	2878997	424107

资料来源：EPS DATA—中国卫生数据库。

2018 年，每千人口医疗机构床位为 6.03 张，其中城市 8.7 张，农村 4.56 张，每千农业人口乡镇卫生院床位数为 1.43 张。在医疗保健支出上，城镇居民人均医疗保健支出为 2045.7 元，占人均消费性支出的 7.8%；农村居民人均医疗保健支出为 1240.1 元，占消费性支出的比例为 10.2%。城镇居民人均医疗保健支出比农村居民多 800 元/年。这一方面说明城乡收入上的差距导致了人均医疗保健支出的差距，农村居民即使在医疗保健支出上比城市居民少了近一半，其所占的消费支出比例也要高于城市居民；另一方面说明城市居民比农村居民有更好的医疗保障。

五、"老有所养"方面的"短板"

我国面临"老龄化"难题，养老保险制度亟待完善，在养老保险制度并轨上也需要加快步伐。2018 年，我国参加基本养老保险人数为 94293.29 万人，占全国总人口的 67.57%，养老保险参保率约为 90.08%，其中参加城镇基本养老保险人数为 41901.634 万人，参加城乡居民基本养老保险人数为 52391.6608 万人。

（一）城乡养老保险的差距

在 2018 年养老保险的收入中，城镇职工基本养老保险收入 55005.2563 亿元，支出 47550.41 亿元，人均养老保险支出 11348.1 元；城乡居民基本养老保险基金收入为 3837.698 亿元，城乡居民基本养老保险基金支出为 2905.5014 亿元，人均养老保险支出 554.57 元，城乡人均养老保险支出相差 19.46 倍。从养

老保险的趋势上，2014~2018年参加养老保险的人数基本趋于平稳，城镇职工的养老保险支出远远高于城乡居民养老保险支出，并且其增长的趋势也要高于乡村居民养老保险支出的增长趋势，城乡之间保险支出的差距在不断地扩大（见图5.4）。

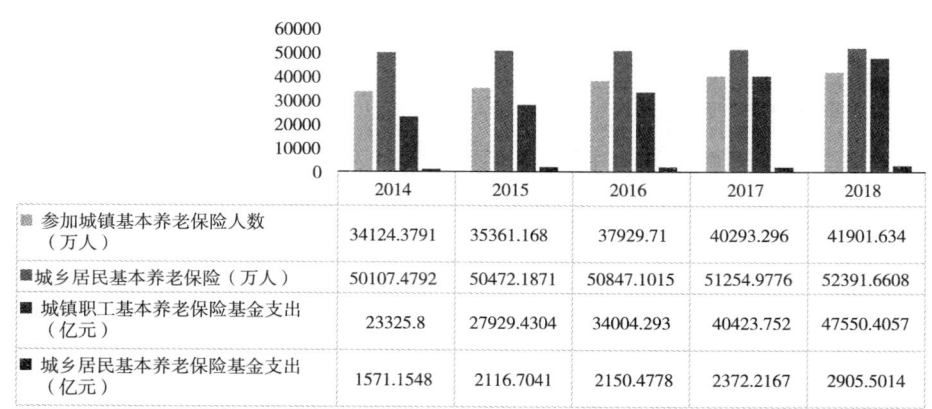

图5.4 居民参保人数与保险支出

从人均养老保险支出来看（见图5.5），城镇职工养老保险人均支出远远高于乡村居民人均养老支出，并且其增长趋势也要高于乡村居民人均养老支出，城乡之间人均养老保险支出的不公在不断扩大。

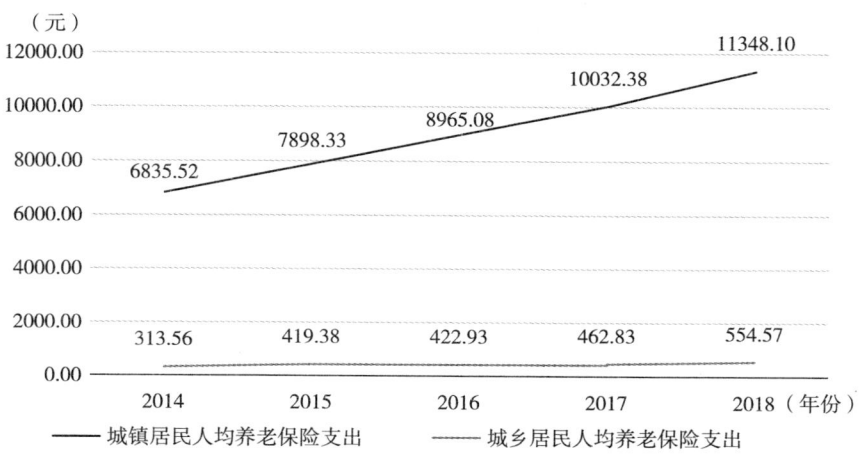

图5.5 人均保险支出

第五章 "普惠性、基础性、兜底性民生""短板"分析

（二）不同组织退休职工养老保险差距

首先，我国养老保险在机关事业单位与企业之间存在不公。我国长期实行机关事业单位与企业养老保险双轨制，前者不缴纳费用而享受高替代率（养老金占原工资的比率）的养老金，后者缴费高享受低替代率的养老金，导致企业养老金替代率降低。世界银行组织建议，要维持退休后的生活水平不下降，养老替代率需不低于70%，国际劳工组织建议养老金替代率最低标准为55%。我国2019年企业养老金替代率稳定在65%以上水平，我国财政大量补贴用于机关事业单位的退休金。根据社会保障支出的数据来看，2013~2017年我国社会保障总支出由14490.54亿元增长至24612亿元，增长了68.95%；社会保障总支出占财政总支出的比重由10.33%上升为12.10%，增长了17.13%，这表明从总体上来看，财政支出中用于社会保障的力度在减弱。在我国的财政税收统计中，"五项基金"是专门进行统计的，社会保障支出主要包括对社会保险金的补助、行政事业单位离退休补助、就业补助、城市居民最低生活保障以及自然灾害生活救助。从表5.10中可以发现，2013~2017年财政对社会保险基金以及行政事业单位离退休人员的补助增长明显，尤其是行政事业单位离退休的补助翻了一番；而对就业的补助、城市最低生活保障以及自然灾害的补助却在逐年降低，尤其是城市居民最低生活保障下降了1/4，在财政总支出占比中降低近一半。虽然城市居民最低生活保障人数的降低幅度超过了城市居民最低生活保障的降低幅度，但是与离退休人员的增长幅度和行政事业单位离退休补助的增长幅度相比，可以很明显地看出国家的社会保障支出在向体制内的群体倾斜，这间接损害了弱势群体的利益，不利于"普惠性、基础性、兜底性民生"建设成果的共享与持续发展。

表5.10 2013~2017年社会保障情况

	2013年	2014年	2015年	2016年	2017年	2013~2017年的变化率（%）
社会保障总支出（亿元）	14490.54	15968.85	19018.69	21591	24612	69.85
财政对社会保险基金的补助（亿元）	4403.14	5042.83	6596.19	7634	7449	69.17
行政事业单位离退休（亿元）	3208.43	3668.01	4360.95	5235	7579	136.22
就业补助（亿元）	822.56	870.78	870.93	785	817	-0.68

续表

	2013 年	2014 年	2015 年	2016 年	2017 年	2013~2017 年的变化率（%）
城市居民最低生活保障（亿元）	763.38	737.47	753.81	716	572	-25.07
自然灾害生活救助（亿元）	240.91	210.47	195.52	273	192	-20.30
社会保障总支出占财政总支出比重（%）	10.33	10.52	10.81	11.50	12.10	17.13
财政对社会保险基金的补助占财政总支出比重（%）	3.14	3.32	3.75	4.10	3.70	17.83
行政事业单位离退休占财政总支出比重（%）	2.29	2.42	2.48	2.80	3.70	61.57
就业补助占财政总支出比重（%）	0.59	0.57	0.50	0.40	0.40	-32.20
城市居民最低生活保障占财政总支出比重（%）	0.54	0.49	0.43	0.40	0.30	-44.44
自然灾害生活救助占财政总支出比重（%）	0.17	0.14	0.11	0.10	0.10	-41.18
离退休人员（万人）	8041.05	8593.39	9141.93	10103.43	11025.68	37.12
城市居民最低生活保障人数（万人）	2064.19	1877.05	1701.10	1480.24	1261.00	-38.91

资料来源：EPS DATA——中国财政税收数据库、中国宏观经济数据库。

其次，国有企业与民营企业职工养老金差距大。韦小超[①]（2018）认为在养老保险双轨制背景下，机关事业单位工作人员和企业职工这两大群体间的养老待遇存在着不公平性。这种不公平性主要体现在：①两大群体的年平均养老金额差距大，机关事业单位人员的年平均养老金额多年来一直高于企业职工；②两大群体的年平均养老金额差距大，机关事业单位人员的年平均养老金额多年来一直高于企业职工；③不同群体对当前养老金待遇的满意度和公平感大有不同。在我国，养老保险双轨制之所以被诟病，是因为在不同制度下，不同群体的养老金待遇差距极大，不能体现养老保险呼吁公平的诉求。

养老金替代率，是指劳动者退休时的养老金领取水平与退休前工资收入水平之间的比率。它是衡量劳动者退休前后生活保障水平差异的基本指标之一，

---

① 韦小超. 养老保险仅靠制度并轨无法解决不公平[J]. 劳动保障世界，2018（8）：33-34.

第五章 "普惠性、基础性、兜底性民生""短板"分析

是一个国家或地区养老保险制度体系的重要组成部分,反映了退休人员生活水平。根据2006年人事部、财政部印发的《关于机关事业单位离退休人员计发离退休费等问题的实施办法》,事业单位工作人员工作年满20年不满30年者,其退休金替代率为80%;工作年满30年不满35年者为85%,工作年满35年者按90%计发①。建立养老保险制度后,事业单位工作人员的养老金替代率在80%~90%②。然而企业的养老金却一直呈现下降的趋势,我国企业的养老金替代率在1999年达到69.18%,到2005年降至57.7%,2014年已处于国际上规定最低标准之下,只有44%。虽然从2005年起国家已经持续9次上调节企业的养老金,但还是无法使企业的养老金替代率上升(张彬,2016)。表5.11显示了2005~2014年我国企业与机关单位的养老金替代率,由表可以看出,我国企业与国家机关单位的养老金替代率相差很大。其中,我国企业的养老金替代率逐年下降,并低于国际警戒线55%。相反,国家机关单位与事业单位却仍然保持在80%~90%,2014年,国家机关和企业之间的养老金替代率相差了近两倍,按此趋势发展下去,养老金替代率的差距只会越来越大。养老金双轨制产生于20世纪90年代末,企业的养老金采用企业和个人共同缴费方式,相反,事业单位和国家机关单位养老金由国家财政支付全额,由此造成严重的差别对待,以及养老金替代率的巨大差距。

表 5.11 2005~2014 年我国企业与国家机关的养老金替代率

年份	企业养老金替代率(%)	机关养老金替代率(%)
2005	57.7	88
2006	57.5	87
2007	57.3	86
2008	55.9	85
2009	52.4	84
2010	51.4	85
2011	50.3	83
2012	49.7	85

---

① 华颖,郑功成. 中国养老保险制度:效果评估与政策建议[J]. 山东社会科学,2020(4):66-74.
② 马伟,刘洋,杨潇,王立剑. 机关事业单位养老保险替代率问题探讨[J]. 统计与决策,2017(14):67-72.

续表

年份	企业养老金替代率（%）	机关养老金替代率（%）
2013	48.3	85
2014	44.0	82

资料来源：张彬．我国企业养老金替代率的影响因素及改革路径[J]．西南金融，2016(4)：50-53．

六、"住有所居"方面的"短板"

住房方面的"短板"主要表现在主要城市房价居高不下。房价收入比是指住房价格与城市居民家庭年收入之比。家庭年收入则是指全部家庭成员的年度税前收入，通常包括夫妇二人。按照国际惯例，世界银行提出发达国家正常的房价收入比一般在1.8：5.5，而发展中国家合理的房价收入比则在3~6，比值越大，说明居民家庭对住房的支付能力越低。

根据上海易居房地产研究院发布《2019年上半年全国50城房价收入比报告》（见表5.12），2019年上半年50城房价收入比均值为13.6，相比2018年的13.9小幅下降。深圳房价收入比最高为36.1，长沙房价收入比最低为6.4。

2019年上半年房价收入比排在前五位的城市分别是深圳、三亚、北京、上海和厦门，分别为36.1、30、24.9、24.6和22，说明这些城市居民的购房难度最大。

排在末五位的城市分别是长沙、韶关、乌鲁木齐、烟台和沈阳，房价收入比分别为6.4、7.8、8.2、8.3和8.6，说明这些城市房价较为合理，居民购房相对较为轻松。值得注意的是，长沙经济发展强劲，人均可支配收入连续多年高速增长，楼市调控严格，房价涨幅较小，是50城中唯一一个房价收入比低于7的城市。

表5.12　2019年上半年全国50个典型城市房价收入比排行

排名	城市	房价收入比	排名	城市	房价收入比
1	深圳	36.1	26	芜湖	11.4
2	三亚	30.0	26	武汉	11.4
3	北京	24.9	28	温州	11.3
4	上海	24.6	29	南昌	10.9

第五章 "普惠性、基础性、兜底性民生" "短板" 分析

续表

排名	城市	房价收入比	排名	城市	房价收入比
5	厦门	22.0	30	贵阳	10.8
6	福州	18.6	31	济南	10.5
7	广州	16.8	32	成都	10.4
8	杭州	16.7	33	惠州	10.3
9	石家庄	16.5	34	重庆	10.2
10	珠海	15.2	35	青岛	10.1
11	南京	14.4	36	昆明	10.0
12	天津	13.8	36	哈尔滨	10.0
13	海口	13.7	38	无锡	9.9
14	东莞	13.4	39	金华	9.7
15	合肥	13.0	40	西安	9.6
16	太原	12.9	40	日照	9.6
17	佛山	12.7	42	兰州	9.4
18	郑州	12.5	43	徐州	9.3
19	苏州	12.4	44	宜昌	8.8
20	南宁	12.3	45	洛阳	8.7
21	南通	12.2	46	沈阳	8.6
22	扬州	12.1	47	烟台	8.3
22	宁波	12.1	48	乌鲁木齐	8.2
22	大连	12.1	49	韶关	7.8
25	莆田	11.7	50	长沙	6.4

资料来源：上海易居房地产研究院。

七、"弱有所扶"方面的"短板"

（一）最低生活保障偏低

最低生活保障是城乡贫困居民依赖的经济来源。用城乡最低生活保障标准与城乡人均消费支出的比值来衡量社会对弱势群体的关注程度。

从制度上来看，目前我国城市居民最低生活保障平均标准为579.7元/人·月，农村居民最低生活保障平均标准为402.783元/人·月，但是从最低保障经费与最低保障人数来计算，城市居民最低生活保障的支出为476.00元/人·月，农村居民最低生活保障支出为250.28元/人·月。在实际的保障过程中，存在整体保障不足的情况，城乡人均保障上也存在较大的差距。

（二）存在返贫的可能

返贫是指某些地区或某些阶层的贫困人口在脱贫之后又重新陷入了贫困的现象。返贫现象的存在，部分抵消了人们为减轻贫困所付出的努力，从而延缓了人类缓解贫困的进程。从全世界来看，返贫是一个世界性的普遍现象，许多国家包括一些发达国家也客观存在脱贫人口的返贫问题。近几年来，我国的返贫问题日益突出，并呈现出以下特点：一是贫困人口中返贫人口的比例越来越大，返贫率比较高。二是返贫人口主要集中在中西部贫困面积较大的连片贫困地带。东部一些零星的贫困地区虽然也存在返贫问题，但返贫程度相对较轻，返贫率相对较低。而在中西部地区，越是自然条件差、贫困程度深、脱贫任务重的地方，返贫越严重。返贫的区域性特征比较明显。三是返贫具有频繁性。特别是一些自然条件恶劣的贫困地区，自然灾害频繁，每年都会导致一两次大面积返贫的发生，而且返贫往往来得很快。

根据国务院扶贫办的返贫统计，2016年全国返贫20.1万户、68.4万人，2017年返贫7.1万户、20.8万人，2018年返贫1.75万户、5.8万人，返贫人口总体呈逐步减少趋势[①]。2020年是全面打赢脱贫攻坚战收官之年，当前全国2707个贫困村未出列，建档立卡贫困人口未全部脱贫，已脱贫人口中有近200万人存在返贫风险，边缘人口中还有近300万人存在致贫风险，其中一些人需要通过兜底保障脱贫[②]。防止返贫的关键还是要加快建立防止返贫监测和帮扶机制，对脱贫不稳定户、边缘易致贫户以及因疫情或其他原因收入骤减或支出骤增户加强监测，提前采取针对性的帮扶措施，不能等他们返贫了再补救。2020年3月，国务院扶贫开发领导小组关于建立防止返贫监测和帮扶机制的指导意见提出，以家庭为单位，主要监测建档立卡已脱贫但不稳定户，收入略高

---

① 数据来源于国务院扶贫办网站《对十三届全国人大二次会议第2328号建议的答复》，http://www.cpad.gov.cn/art/2019/12/11/art_2202_108243.html，2019-12-11。

② 数据来源于国务院扶贫办网站《国务院联防联控机制介绍脱贫攻坚和民政服务工作情况》，http://www.cpad.gov.cn/art/2020/4/1/art_61_181823.html，2020-04-01。

第五章　"普惠性、基础性、兜底性民生""短板"分析

于建档立卡贫困户的边缘户。具体监测范围为人均可支配收入低于国家扶贫标准1.5倍左右的家庭，以及因病、因残、因灾、因新冠肺炎疫情影响等引发的刚性支出明显超过上年度收入和收入大幅缩减的家庭。因此，如何建立有效的防止返贫监测和帮扶机制应当是下一阶段扶贫工作的重点与难点。

第二节　"普惠性、基础性、兜底性民生"建设面临的任务

我国民生建设取得了巨大成就。然而，"保障和改善民生没有终点，只有连续不断的新起点"。我们要在总结成绩的同时，找出不足和"短板"，探索民生改善途径。

一、民生"短板"需要补足

从经费投入的程度上来看，教育经费投入虽然不断增长，但与发达国家相比还是存在较大的差距。我国教育支出占财政支出比重和占国内生产总值的比重均低于世界水平。医疗卫生投入也是"短板"，占财政支出的比重只略高于发展中国家水平，远低于发达国家水平。住房保障的支出上整体有所降低，居民住房消费支出比重上升，住房支出压力增大。房价收入比（13.9）高于世界银行提出的发达国家正常的房价收入比（1.8~5.5），也高于发展中国家合理的房价收入（3~6）。我国现在正处于严重老龄化的阶段，而且城乡分割、不同就业形式养老社会保障分割，养老保险的平衡发展既需要体制改革，也需要经费投入。我国基尼系数仍持续多年超过国际警戒线，最低20%居民占有的收入份额仍低于世界水平，缩小收入差距、减少贫困人口仍需要努力。我国城镇登记失业率虽然低于世界水平，但考虑隐形失业以及疫情和贸易摩擦的影响，促进就业任务仍十分艰巨。

从民生的各项发展来看，幼儿教育上外延已不是我国基础教育的主要矛盾，开始转向内涵发展；在初等与中等教育上，软硬件设施均得以进一步提高，义务教育成果得以巩固。在居民收入与支出上，城乡居民的收入有明显的缩小，城镇职工的工资水平也呈现稳定上涨的状态，居民的消费支出也更加多

元化，教育娱乐支出与住房消费有所上升。但是在最低工资上，大部分地区还有待提升。在医疗卫生上，主要健康指标优于中高收入国家的平均水平①，医疗卫生费用的财政支出也逐年上升，每千人口拥有的医生数稳定增长，但较一些发达国家还有差距。在医疗卫生费用支出中，社会卫生支出持续上涨，个人支出有所降低，但是医疗费用总体仍然较高，医疗保障还存在一定的不足。医疗费用支出的增长在门诊上主要体现在检查费和治疗费用上，住院上则主要体现在护理费用和卫生材料费上。在养老上，养老服务范围在不断扩大，服务质量稳步提升，但农村养老金和城镇居民养老金偏低，不同就业形式养老保障差距大。

"7个有所"是一个整体，但在70多年的发展历程中，不是同力度推进，而是遵循先重大后一般、先简单后复杂、先低水平后高质量的发展路径。这基本上符合经济社会发展的客观规律，但也造成了"7个有所"之间参差不齐，发展不平衡的局面②。

二、民生发展不平衡问题亟须改善

在国民经济发展过程中，城乡之间的差距仍然是城乡发展中需要关注的问题，民生建设中的公平问题在城乡之间也存在差距。在幼儿教育上，城区教师在数量、学历和职称上均远远高于乡村，尤其是学历上，城区幼儿园专任教师以本科及以上的居多，而乡村教师则主要是高中及以下学历的居多，这对幼儿园的教学质量产生很大影响。在主办的部门上，民办幼儿园是幼儿教育的主力军，在普惠性的程度上和公办的幼儿园仍有一定的差距。在初等和高等教育中，城区"大班额"的情况比乡村要凸显，但是在师生比上，城区仍然要远远高于乡村；在教学的软硬件设施上，也要优于乡村。总体而言，义务教育阶段，城区教育质量普遍高于乡村，但是教育不公平程度逐步减弱。在就业保障上，自从2009年实施新《中华人民共和国劳动合同法》以来，劳资争议案件逐年上升，劳动力市场不公平现象普遍存在。在就业收入中，城乡居民收入差

---

① 马晓伟. 庆祝新中国成立70周年活动新闻中心第二场新闻发布会文字实录［EB/OL］. 中华人民共和国国家卫生委员会网站，http：//www.nhc.gov.cn/xcs/s7847/201909/cbff188bae014fab9af07f302d-22c6b3.shtml，2019-09-26.

② 黄燕芬，张志开，杨宜勇. 新中国70年的民生发展研究［J］. 中国人口科学，2019（6）：15-31+126.

第五章 "普惠性、基础性、兜底性民生""短板"分析

距有所减少,但是高收入人群与低收入人群之间的差距却越来越大。在全国五等分人均收入中,城市居民高收入人群与农村低收入人群相差20多倍,收入公平仍是民生发展过程中需要关注的问题。在医疗卫生方面,自从2009年中国作出深化医药卫生体制改革的重要战略部署,确立新农合作为农村基本医疗保障制度的地位后,至2017年新农合的参合率达到100%,农村的医疗保障支出也逐年上升。但总体来说,农村居民医疗保障水平低。在养老保障上,农村的人均养老费用要远远低于城镇,人均养老保险支出相差19.46倍,并有不断扩大的趋势。在社会保障上,社会保障支出存在明显的向体制内群体倾斜的趋势,在对需要保障人群的保障标准的执行上,存在很大的标准与执行不符的情形。因此,在民生建设成果社会共享上仍需多关注弱势群体的利益。

三、减贫任重道远

反贫困是人类社会永恒的任务。我国在精准扶贫方面取得巨大成就,但减贫任务仍旧艰巨。

在防贫问题上,全社会动员下的精准扶贫取得了巨大成就,但也存在"重目标脱贫、轻根本解困",虽然达到脱贫标准但未从根本上化解致贫原因,即解决了"贫",没有解决"困";解决了生存和温饱,没有解决"能力"贫困问题。因此"扶贫"结束后,可能出现返贫现象或者新增的贫困现象,"防贫"成为主要问题。

在相对贫困问题上,全面建成小康社会后,我国绝对贫困得到基本解决,相对贫困成为反贫困治理的主要问题。相对贫困是一个基于人群"比较性"的概念。国际上相对贫困的测量主要依据平均数和中位数,如彼得·汤森根据不同家庭类型的平均收入确定相对贫困标准,发达市场经济国家使用家庭收入低于中位数的50%或60%衡量贫困。我国的贫困治理一直关注绝对贫困。按照2011年国家脱贫标准农民年人均纯收入2300元(2010年不变价),根据世界银行方法换算相当于每天1.6美元,此标准高于每天1.25美元的极端贫困标准而低于每天1.9美元的国际贫困标准。若在义务教育、基本医疗与住房安全"三保障"实现的前提下考量,其标准相当于达到国际贫困标准满足温饱水平。低收入家庭收入高于绝对贫困线,但大大低于社会平均收入或中位数收入,收入不足且来源不稳,呈现出相对贫困状态。

在发展性贫困问题上,以往我国的贫困治理着重针对生存性、温饱性贫

困。小康社会彰显"人本性",满足人的多样化需求,让人类福祉和个体得到更全面、更充分的发展。因此,当生存性、温饱性贫困不是主要贫困问题时,发展性贫困会凸显,如物质资源不足、身心健康不佳、社会联系和精神价值的不满足。

第六章 民众的民生期望分析

我国经济飞速发展,民生相应改进。了解民众的民生期望,把握民生需求,才能精准施策,持续改善民生。本章对民众的民生期望进行分析。

第一节 基于调查的民众民生期望分析

本书采用中国社会状况综合调查(Chinese Social Survey,CSS)数据[①],对民众的民生期望进行分析。

一、调查简介及被调查者信息

中国社会状况综合调查是由中国社会科学院社会学研究所于 2005 年发起的一项全国范围内的大型连续性抽样调查项目,目的是通过对全国公众的劳动就业、家庭及社会生活、社会态度等方面的长期纵贯调查,来获取转型时期中国社会变迁的数据资料,从而为社会科学研究和政府决策提供翔实而科学的基础信息。其通过分层线性抽样的入户访问调查方式,对全国 31 个省/自治区/直辖市的 7000~10000 户家庭进行了数据采集。样本覆盖面广且容量较大,数据质量较高,是国内目前甚少包含全面社会保障、医疗、住房等民生信息的个人数据。该调查是双年度的纵贯调查,因为调查数据的公开发布,本书只对 CSS 2006 ~2017 年共 6 期的调查数据进行分析。其中,CSS 2006 年共有有效城乡样本 7061 个,CSS 2008 年共有有效城乡样本 7139 个,CSS 2011 年共有有效样本 7036 个,CSS 2013 年共有有效城乡样本 10206 个,CSS 2015 年共有有效城乡样本

---

① 数据由中国社会科学院社会学研究所中国社会状况综合调查组提供。

10243个，而CSS 2017年共有有效城乡样本10143个。在民生相关数据比较过程中，由于限制条件的不同，满足信息完整的样本数可能存在一定差异①。

CSS 2017年入户调查共获得10143份有效调查问卷。总体来看，样本具有较为广泛的代表性。第一，调查样本覆盖城乡居民。2017年入户调查，共调查6816个农村户籍，占比67.2%，非农业户籍2283个，占比22.5%，居民户口有1024个，占比10.1%。2017年调查样本的城乡结构与2015年大致相近。第二，调查样本包括各年龄段的居民。受访者的平均年龄为52.8岁。受访者中30岁以下（不包括30岁）的占24.7%，30~39岁占19.8%，40~49岁占23.4%，50~59岁占18.5%，60岁及以上占14.2%。受访者平均年龄略高于2015年的调查，40岁以下群体的比例略低于2016年。男性受访者占50.9%，女性受访者比例为49.1%，男性受访者比例比2015年调查高2.6个百分点。第三，调查样本涵盖了一定比例的流动人口。流动人口样本为590个，占有效样本的5.96%，比2016年略有下降。从流动人口结构看，57.12%是跨省流动（占总样本的3.41%），42.88%是省内流动（占总样本的2.56%），与2016年调查相比，跨省流动人口占比有所下降。

在10143个受访者中，有工作的受访者有6582个，占比64.9%，无工作的受访者3561个，占比35.1%。占比70.4%的有工作的受访者从事了非农工作（见图6.1）。

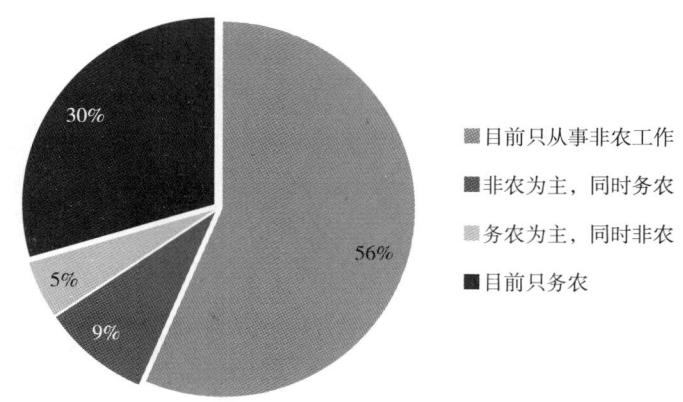

图6.1 有工作受访者目前工作的状态

---

① 有关中国综合社会调查（CSS）2006~2017年调查具体情况以及问卷，详见CSS网站：http://cgss.ruc.edu.cn。

被调查者所在组织情况如图 6.2 所示，可见有工作的受访者以私营企业从业人员（31%）和个体工商户（24%）为主，事业单位和国有企业从业人员共计20%，占少数。

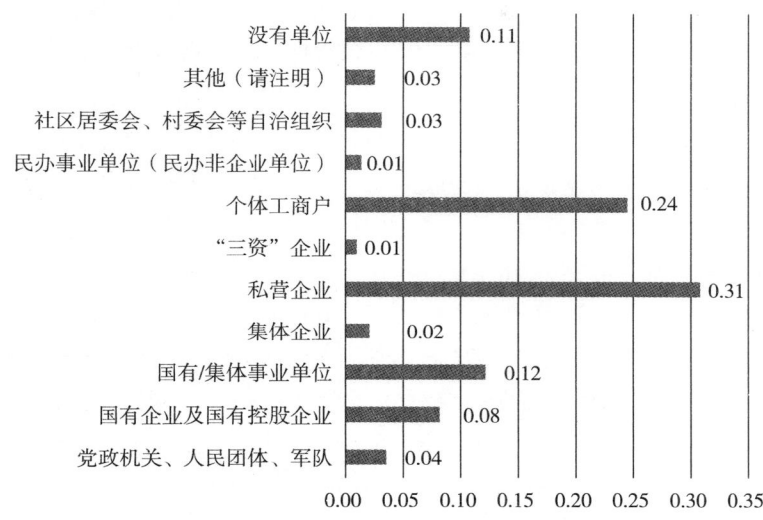

图 6.2　从事非农工作受访者所在的单位/公司类型占比

被调查者中无工作者回答的导致无工作的原因，除30%"料理家务"、17%"正在上学"、15%"已离退休"和9%"丧失劳动能力"外，还有部分因单位破产或改制、毕业未就业、承包土地被征用、健康及其他原因导致的失业人员，以及自愿不就业人员（见图 6.3）。可见本调查更倾向于底层民众。

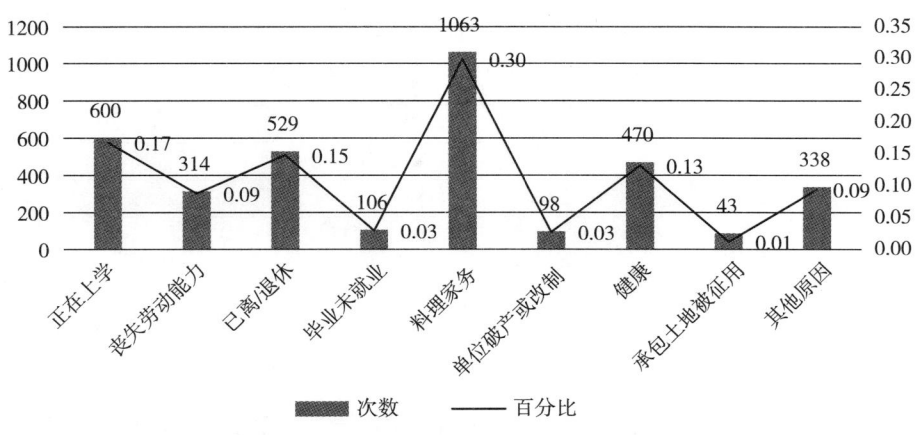

图 6.3　没有工作的主要原因占比

二、调查结果分析

调查结果显示，2017年受访居民户对目前生活状况的满意度、对过去一年生活状况改善的满意度以及对未来的信心等指标均呈现高位波动的特征。

（一）城乡居民生活满意度分析

2017年城乡居民对生活现状比较满意，但较2013年略有下降。具体而言，对现状表示"非常满意"的占总样本的19.6%，表示"比较满意"的占总样本的50.0%，两者合计占总样本的69.6%（见图6.4），相较于2015年水平（66.8%）有所提高，低于2013年水平（74.1%），但仍保持在较高水平。2017年对生活现状非常满意的居民户达到新高（19.6%），与2015年的12.8%和2013年的15.7%相比大幅提高。对生活现状表示"一般"的居民占总样本的18.7%；表示"比较不满"的占8.2%，表示"非常不满"的占2.7%，两者合计比例为10.9%，比2015年的12.3%和2013年的11.4%略有回落。

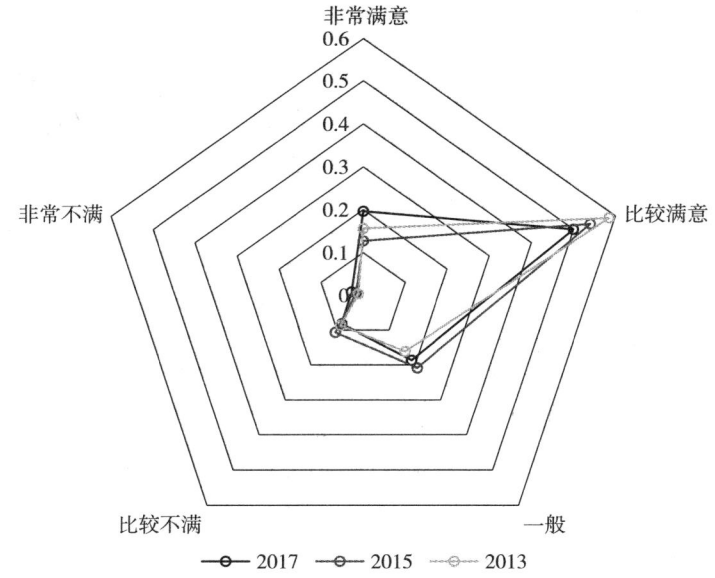

图6.4 2013~2017年城乡居民生活满意度情况

居民对未来的信心逐年增长，从图6.5可以看出，2011年很没有信心的受

第六章 民众的民生期望分析

访者达到 36.8%，比较没有信心的受访者也有 30.22%，两者合计达到了 67.02%，进入 2013 年，很没有信心的受访者锐减到 8.9%，比较没有信心的受访者也降低了 12.8 个百分点，为 17.44%，两者合计仅为 26.34%，比例显著下降；另外，很有信心的受访者从 2013～2017 年连续上升，从 2013 年的 33.68%增加到 2015 年的 41.67%，在 2017 年达到新高 48.29%，相较于 2013 年上升了 14.61 个百分点，比较有信心的受访者在经历了 2013～2015 年的暴增后（增长 14.78 个百分点），到 2017 年有个小幅的回落，为 43.17%，下降了 1.75 个百分点。从 2017 年的数据看，对未来"很有信心"和"比较有信心"的比例高达 91.46%，"很没有信心"的比例为 0，"比较没有信心"的比例仅为 2.17%。

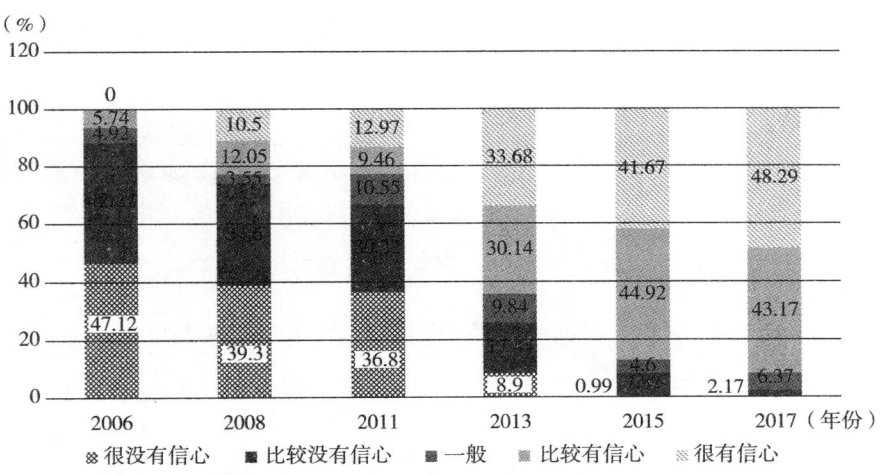

图 6.5 2006～2017 年居民对当前生活状况的满意度

（二）民生关切点分析

随着社会主要矛盾的变化，城乡居民的民生关切和诉求呈现新的特点。一方面，随着生活条件的改善，城乡居民对更高水平的教育、更好的医疗、更优美的生态环境、更安全的食品、更加公正的司法、更加高效的政府服务的需求日益增强。另一方面，不同民生领域、城乡之间、区域之间民生发展不平衡的问题突出，食品安全、医疗卫生、环境保护等领域发展不充分，仍然是全面建成小康社会和建设现代化国家的"短板"。这些矛盾也充分反映在 2017 年的入户调查结果中。

"普惠性、基础性、兜底性民生"建设研究

1. 城乡居民对家庭生活的主要关切点为家庭收入和住房

在家庭生活的关切点中,排第一位的是家庭收入,选择比例为 18.4%,比 2015 年略有降低,下降了 0.1 个百分点;其次是住房,选择比例为 16.2%,较 2015 年增加 4 个百分点,排在第三位的是医疗支出,选择比例为 14.5%,较 2015 年下降 5.1 个百分点;还有一个新变化就是居民开始关注在无业或失业状态下的各类社会保障,选择比例为 12%,首次进入城乡居民关于家庭生活的主要关切领域(见表 6.1)。

表 6.1 城乡居民家庭生活关切领域前四位占比   单位:%

年份\排位	第一位	第二位	第三位	第四位
2017	家庭收入	住房	医疗支出	社会保障
	18.4	16.2	14.5	12
2015	医疗支出	家庭收入	教育费用	住房
	19.6	18.5	15.4	12.2
2013	家庭收入	医疗支出	住房	教育费用
	15.4	14.1	13.3	10.2

2. 城乡居民对社会问题的主要关切点为看病难、看病贵和收入差距过大、贫富分化严重

在社会问题的关切点中,看病难、看病贵的问题是城乡居民最为关注的,选择比例为 19.9%,与 2015 年相比,上升了 1.2 个百分点;排第二位的是收入差距过大、贫富分化问题,选择比例为 11.6%,较 2015 年下降了 0.6 个百分点;排在第三位的是住房价格过高的问题,选择比例为 9.5%,较 2015 年下降了 1.8 个百分点;排在第四位的是就业、失业问题,比 2015 年下降了 0.4 个百分点;排在第五位的是物价上涨问题,选择比例为 8.8%,较 2015 年回落了 0.2 个百分点。

在以上五个关切点中,需要重点关注看病难、看病贵问题和住房价格过高问题,看病难、看病贵问题一直处于民众关切点的榜首,而且出现逐年上升的趋势,而住房价格过高问题在 2017 年的调查中凸显出来,也需要重点关注。

表 6.2　城乡居民社会问题关切领域前五位占比　　　　　　　单位:%

排位 年份	第一位	第二位	第三位	第四位	第五位
2017	看病难、看病贵 19.9	收入差距过大、 贫富分化 11.6	住房价格过高 9.5	就业、失业 9.4	物价上涨 8.8
2015	看病难、看病贵 18.7	物价上涨问题 12.2	收入差距过大、 贫富分化 11.3	贪污腐败 9.9	就业问题、失业 9.0

3. 医保报销比例上升、医疗负担较重仍然是城乡居民的主要关切

10143 个调查样本中共有 96.53% 的居民户在过去一年有医疗机构就诊经历,各类医保报销比例为 58.5%,在上一调查年度中,该比例仅为 47.5%。在各类医疗保险中,持有公费医疗、城乡居民大病保险、城镇居民基本医疗保险的占比最多,占入户调查样本的比例分别是 17%、16.9% 和 14.8%,可以看出,医疗保险对农村居民的覆盖不足,农村医疗保险的持有比例低,而这一部分人对医保的需求是最刚性的。在询问"在各种家庭开支中,您感觉压力最大的是什么"时,仍有 14.5% 的受访者选择医疗,虽然比 2016 年略有下降,但仍然位居高位。在询问"您对医疗服务最不满意的一项是什么"时,回答比例最高的为"看病太贵",占 52.6%,其次是"大医院看病难",占 32.8%。

4. 就业形势总体向好但劳动者权益保护需要进一步加强

2017 年,随着宏观经济的好转,我国就业形势总体向好,就业规模继续扩大,调查失业率下降,居民就业感受和未来就业预期均好于往年。但从入户调查结果看,劳动者权益保护仍面临一些挑战。

据入户调查显示,还有 61.5% 的居民户没有参加任何养老保险。而在参加养老保险的调查对象中,30.8% 的居民户参加的是保障水平较低的城镇居民基本养老保险或新型农村社会养老保险,参加职工养老保险的比例较低。特别是,还有 23.9% 的就业人员没有参加任何养老保险。其中,有超过 20% 的个体工商户雇员、非固定单位的临时务工人员没有参加任何养老保险,18.1% 的个体工商户雇主没有参加任何养老保险。

入户调查还显示,劳动合同签订比例较低。39.5% 的非农就业人员(扣除专兼业农民、农村自营业和专业管理人员、个体工商户雇主)没有签订劳动合

同，签订无固定期限合同的比例仅为11.4%，签订固定期限劳动合同的比例为37.3%。

5. 城乡居民收入水平总体稳定但有五成受访家庭认为"存不上钱"

调查数据显示，2017年我国城乡居民收入总体保持稳定。有18.6%的受访者认为一年来家庭收入有所增长，59.8%的受访者认为家庭收入没有变化，或与上年相比变化不大。但有22.6%的受访者认为家庭收入较上年下降。

较多受访者表示家庭支出压力在增加，特别是在医疗、子女教育和住房（贷款月供、房租）等方面支出压力明显偏大。受访者中认为家庭各方面花费有所增加的比例达到81.8%；认为家庭一年以来收支基本相抵，存不上钱的占比达到了63.8%。特别是中低收入家庭支出增加的情况更加突出，尤为值得关注。

还有一个现象需要关注，只有29.5%的有工作受访者提出"目前工作不需要专业技术技能"，另外70.5%的受访者工作都需要专业技术技能，但当问到"在过去12个月，您所在的单位是否为您提供提高技术技能方面的培训"时，有55.9%的受访者选择"没有提供培训"，所以有41.2%的受访者认为失业的可能性很大，28.9%的受访者认为在未来6个月内有可能失业，有9.3%的受访者认为失业的可能性一般，只有1.9%的受访者认为完全不可能失业。

6. 希望政府增强服务意识，及时回应百姓诉求和信息公开提高工作透明度

入户调查显示，群众对当地政府工作的评价满意度最高，占比为66.8%。超过七成的受访者认为满意（评价为"很好"和"比较好"）的当地政府工作有："打击犯罪，维护社会治安"和"提供医疗卫生服务"，占比分别为74%和70%。而对政府工作不满意（评价为"不太好"和"很不好"），比较高的有："服务意识，及时回应百姓诉求""保护环境，治理污染""信息公开，提高工作透明度"三个方面，不满意评价分别为38.9%、36.2%和35.8%（见图6.6）。

入户调查中，有86.3%的受访者到过居住地政府部门（包括政务服务中心、街道办、村委会等）办事，在与政府部门打交道过程中，受访者认为最不满意的前两位分别是"程序复杂和不公开"和"相互推诿，效率低"，分别占15%和9.9%，与2015年相比排序基本一致，成为近年来入户调查反映最为突出的问题。这些问题真实地反映了当前政府服务需要改进的地方。

不同类型居民对政府服务的满意程度依然存在一定差异，流动人口对政府服务表示"很满意"的占比低于本地人口8.1个百分点，农村居民低于城市居

第六章 民众的民生期望分析

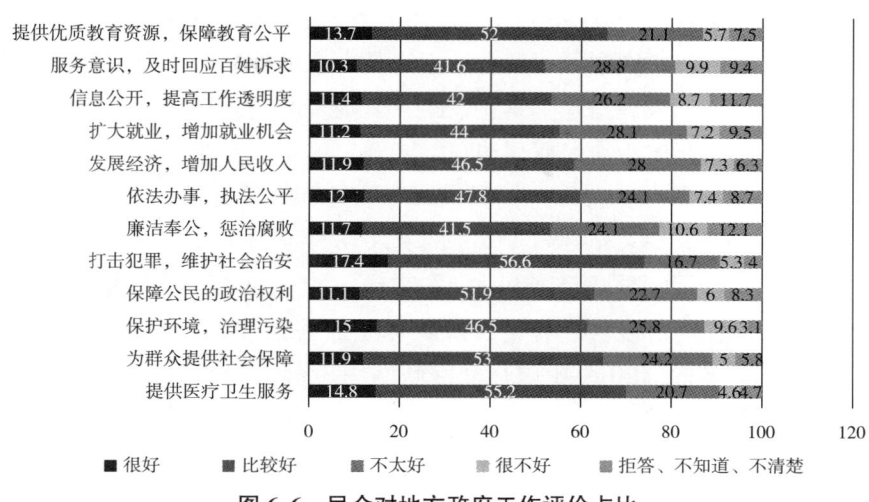

图 6.6　民众对地方政府工作评价占比

民 5.5 个百分点。

第二节　基于爬虫的民众民生期望分析

为了弥补调查数据的滞后性，本书还以 Python 为技术工具对百度贴吧从 2013~2020 年的民生论坛进行爬虫处理，构筑词云图，以期发现民众对民生的期望。

一、研究方法及数据收集

（一）数据源选择

百度作为全球最大的中文搜索引擎，具有强大的搜索引擎技术和占绝对优势的中国市场占有率。根据 CNNIC 最新的搜索引擎研究报告，百度在中国市场的首选份额已经高达 74.5%，覆盖中国 95% 以上的网民[①]。百度贴吧，是百度

---

① 中国互联网络发展状况统计报告 2016［EB/OL］.http：//www.cnnic.net.cn/gywm/xwzx/rdxw/201 72017/201701/t20170122_ 66448.htm.

旗下独立品牌，创建于 2003 年 11 月 26 日，是全球最大的中文社区。贴吧是一种交流社区，它与搜索引擎紧密结合，不论是大众话题还是小众话题，都能精准地聚集大批同好网友，搭建别具特色的"兴趣主题"互动平台。贴吧目录涵盖社会、地区、生活、教育、娱乐明星、游戏、体育、企业等方方面面，是全球最大的中文交流平台，它为人们提供一个表达和交流思想的自由网络空间。社会化媒体传播公司 We are social 发布的《2018 年全球数字报告》中指出，截至 2018 年 12 月，百度贴吧注册用户人数超过 10 亿，在线活跃用户高达 3 亿[①]，全球最大的独立移动广告平台及全球企业营销平台服务商 InMobi 携手 AdMaster 共同发布的《2018 中国移动互联网用户行为洞察报告》中指出，百度贴吧在兴趣类 App 的行业渗透率居于首位[②]。根据联通大数据沃指数移动应用 App 排行榜显示，截至 2019 年 3 月，百度贴吧在社区论坛类排名第二位[③]。百度贴吧所拥有的用户群体和文本信息蕴藏着庞大的挖掘价值，其信息环境具有开放性、传播方式具有多样性、贴吧功能具有创新性，为用户的信息获取提供了有利条件，为用户在线信息行为特征研究提供了大量可靠和客观的样本来源。

百度贴吧"地区"导航栏下，目前有 34 类共计 45366 个贴吧，作为国内最活跃的在线交流社区平台，自 2013 年 2 月创建至今，"地区"栏目下各个城市吧的讨论交流非常火热，表 6.3 列出了该栏目下人气最热的 10 个城市吧的关注数和贴吧主题数。

表 6.3　贴吧"地区"栏目下人气最热的 10 个城市吧的关注数和主题数

城市吧	关注数	贴吧主题数
东营吧	1032741	10905983
郑州吧	2548456	92642930
偃师吧	578998	22643367
成都吧	3268262	92161393

---

① 搜狐网. 2018 全球数字报告[EB/OL]. http://www.100ec.cn/detail-6435296.html.
② 中国报告网. 2018 年移动互联网行业数据研究报告[EB/OL]. http://news.chinabaogao.com/it/201901/0126396102019.html.
③ 常颖，王晞巍，韦雅楠，王铎. 新型城镇化发展中农民工在线信息行为特征及演化研究[J]. 图书情报工作，2020，64（5）：32-40.

第六章　民众的民生期望分析

续表

城市吧	关注数	贴吧主题数
西安吧	1988206	81049459
深圳吧	2788092	66760043
重庆吧	2346056	62668672
滕州吧	1310521	50704914
北京吧	2650630	43752588
长沙吧	1847282	50620876

贴吧的封闭性保证了社会民众交流的深入性。百度贴吧应用其在搜索引擎中的知名度，可以为民众提供便捷的搜索同类型用户的途径。百度贴吧数据的时间序列特征，为社会民众群体信息行为特征的演化分析提供了可靠的数据来源。因此本书将百度贴吧作为获取社会民众在线讨论民生现象，发布民生诉求行为的数据采集源，以阶段性面板数据来呈现和分析社会民众在线讨论民生现象，发布民生诉求的特征及演化规律。

（二）数据采集

本书结合 Python 语言与 Xpath 即 XML 路径语言，通过 Google chrome 中开发者工具功能，查看元素 Element，在 URL 的页面选中某一元素复制其中的 Xpath，取到某元素的 Xpath，获得文本信息以及所在路径，利用 URL 中的获取方法，根据不同的页码进行循环遍历，实现海量数据的爬取，并将采集后的数据存入 PostgreSQL 数据库。

本书借鉴相关问题的研究方法[①]，根据所做爬虫进行数据采集，选取 4 个直辖市，25 个省会城市，3 个副省级市，18 个地级市，3 个县级市，5 个县共计 58 个城市贴吧，采集了 2013 年 7 月 1 日至 2020 年 7 月 1 日共 7 年的样本数据，共计 5 亿条帖子。采集的城市吧样本详见表 6.4。

---

① 阳晓艳，吴春祥，高浩，吴心灵．大连高校维稳工作与网络舆情现状分析——以微信、微博、百度贴吧平台为例［J］．才智，2017（17）：206．

表 6.4 数据采集样本城市吧

山东	东营吧	黑龙江	哈尔滨吧
	滕州吧		大庆吧
河北	石家庄吧	陕西	西安吧
	唐山吧		汉中吧
河南	郑州吧	安徽	合肥吧
	偃师吧		淮南吧
山西	太原吧	浙江	杭州吧
	大同吧		安吉吧
江苏	赣榆吧	江西	南昌吧
	沭阳吧		南康吧
辽宁	沈阳吧	吉林	长春吧
	大连吧		松原吧
四川	成都吧	内蒙古	呼和浩特吧
	绵阳吧		包头吧
广东	深圳吧	湖北	武汉吧
	广州吧		宜昌吧
北京	北京吧	天津	天津吧
福建	厦门吧	宁夏	银川吧
	福州吧		吴忠吧
甘肃	兰州吧	新疆	乌鲁木齐吧
	庆阳吧		梨城吧
湖南	长沙吧	青海	西宁吧
	邵东吧		民和县吧
贵州	贵阳吧	海南	三亚吧
	遵义吧		儋州吧
云南	昆明吧	西藏	拉萨吧
	丽江吧		那曲县吧
广西	南宁吧	重庆	重庆吧
	柳州吧	上海	上海吧

采集数据内容包括各城市的贴吧信息和用户发帖信息。贴吧信息包括贴吧名称、贴吧主页 URL 地址、贴吧话题类型、关注者人数（会员数目）、贴吧

第六章　民众的民生期望分析

帖子总数、贴吧标语；用户发帖信息包括帖子标题、帖子与回帖内容、帖子所在主页的 URL 地址、帖子创建时间、帖子被回复数、帖子所属贴吧名、发帖人昵称、发帖人主页 URL 地址以及发帖人等级。部分采集数据内容见图 6.7。

图 6.7　部分采集数据内容截图

（三）数据清洗

为了保证研究的客观性和代表性，对获得的数据进行清洗，包括检测与处理重复值、检测与处理数据的缺失值、检测与处理数据的异常值。在数据的清洗过程中，采用 Python 语言的 Pandas 数据分析包进行清洗。重复值包含记录重复与特征重复两种，记录重复采用列表（list）和集合（set）元素唯一性的特征去重；特征重复利用 Pandas 中相似度计算方法 corr，利用特征间相似度为 1 的特征去除重复数据。对于不完整数据（即值缺失），采用手工填入的方法。对于异常值，使用正则表达式剔除发帖内容中的空格、图片和表情；针对特殊信息比如广告、视频等，通过异常捕获的方式加以过滤。清洗后最终获得有效数据 245450 条。

（四）数据处理

本书数据处理的步骤如下：①对爬取的帖子和回帖内容信息进行归类分词。需要利用 Python 语言中的 Jieba 库实现分词操作，对于专有名词，手动更新词汇库，为每个关键字设置初始值，通过循环的方式，计算各个关键字出现的次数,并在控制台进行输出。②使用数据分析工具 IBM SPSS Modeler 中的 Text AnalyticsModule 模块将采集到的内容进行分类,并从中提取关键词以及每类内容所占比例;然后使用 Category Web 功能对每个主题之间的相互关系进行可视化,从而更好地理解数据分类结果之间的相互关系。③基于日期、时间、词频统计发帖信息,其中日期按照年份、月份、星期进行分类;时间以每两个小时为基准进行分类;词频分别按照年份以及互动信息进行分类,统计民众在线信息行为的特征及演化规律。

二、数据分析

爬虫分析发现,民众关注的热点与民生政策具有高度相关性,如近几年政府推行老旧小区改造,于是"老旧小区"成为热点词;2015 年,全面二孩政策落地,与之相关的教育、住房、养老等话题在贴吧上引起广泛的讨论。民众关注点还与当年度的民生热点事件有关。例如,2013 年,上海的"毒校服"事件,"云南白药五款中成药含乌头类生物碱"事件导致当年食品药品安全的话题讨论热度高;2020 年,华为"天才少年"201 万元的年薪刺激了社会民众对教育的热切关注。

如图 6.8 所示,2013 年,房价、收入、公积金、劳动、保险、合同、社保、(城乡)差距、保障、老旧小区、物价、食品安全、就业、医疗、医患(关系)、交通、网购、养老、药品、新媒体、反腐败是贴吧中讨论最多的词语。

2013 年初"国五条"及各地细则出台,转变中央调控思路,下半年的中共十八届三中全会明确提出建立健全不动产登记、保障房建设等长效机制是新一届政府关注重点。土地、财税制度先行改革,而限购、限贷等调控政策更多地交由地方政府决策,因此当年房价成为最高关注热点词;当年部分城市允许患有重大疾病的职工或其直系亲属提取公积金救急,因而住房公积金问题也成为 2013 年的主要关注点;另外,2013 年 7 月,国务院出台《关于加快棚户区改造工作的意见》,因此重修重建老旧小区也是人们关心的问题之一。在就业方面,人们最关注的是劳动合同,在贴吧中经常有人咨询合同相关问题;此外,个人收入,社会保障,保险也是社会民众普遍关注的问题。2013 年的关键词还有差距,这种差距反映在贫富分化问题以及城乡资源分配差距等问题上。另外,2013 年上海的"毒校服"事件,"云南白药五款中成药含乌头类生物

图 6.8 百度贴吧 2013 年关键词词云图

碱"事件使当年食品药品安全问题获得高提及率；2013 年电子商务先锋——淘宝网成立十周年的"双 11"当天，一位神秘买家掷 500 万元巨资订下佐卡伊天猫旗舰店 13.33 克拉全球顶级稀世大钻"佐卡伊北斗星"，使"网购"也进入热点词。

如图 6.9 所示，2015 年，养老金、城乡、扶贫、补助、幼儿园、公积金、就业、雾霾、招生、公平农村、精神疾病、医疗脱贫、二孩、生育、义务教育、卫生、污染、保障房、网约车、棚户区、创业、残疾人、教育资源、保险、保障、法律是贴吧中讨论最多的词语。

图 6.9 百度贴吧 2015 年关键词词云图

踏入 2015 年，关注度最高的莫过于各项养老保险政策的出炉，2015 年 1 月 1 日，企业退休人员基本养老金标准再次提高 10%，实现"11 连涨"，1 月

14日,《国务院关于机关事业单位工作人员养老保险制度改革的决定》出台,近4000万机关事业单位人员将和企业职工一样缴纳养老金,养老金成为2015年当仁不让的"话题王"。2015年,国务院先后确定将失业保险费率由3%统一降至2%,从10月1日起将工伤保险平均费率由1%降至0.75%,将生育保险费率从不超过1%降到不超过0.5%,生育、保障、保险等讨论话题的热度也居高不下。2015年,全面二孩政策落地,人们对幼儿教育以及老龄化社会、老年人养老问题格外关注,在幼儿教育方面,幼儿园建设工作,入园入托、义务教育问题被人们广泛讨论。2015年,全国范围出现连续且越发严重的雾霾,各大城市的PM2.5及可吸入颗粒物等空气污染物指数多次"爆表",因而雾霾、污染、环境也成为百度贴吧的热词。同时农村、扶贫、城乡(差距)的相关话题也引起关注,而2015年屡次报道的精神病患者肇事伤人事件也使人们开始对精神疾病患者等弱势群体有了更多的关心。

如图6.10所示,2017年,保障房、停车、租房、环境、食品安全、收入分配、养老、社保、医疗、保险、教育公平、(养老模式)创新、创业、文化娱乐、交通、特殊群体、人才政策、二孩、反腐、药品、诈骗、脱贫、养老金、落户、就业是贴吧中讨论最多的词语。

图6.10 百度贴吧2017年关键词词云图

2017年颁布的《关于加快发展公共租赁住房的指导意见》使保障房、公租房、租房等成为当年百度贴吧的热词,是人们讨论最多的话题。而《国务院关于整合城乡居民基本医疗保险制度的意见》的出炉,又使医疗、社保、保险等话题的讨论升温。随着人们生活水平的不断提高,对于文化娱乐、环境方面的要求越来越高;2017年国务院及相关部委《国务院关于印发"十三五"国家老龄事业发展和养老体系建设规划的通知》《关于加快推进养老服务业放管服改革的通知》的出台,推动社会民众对养老、养老模式创新的广泛讨论。同时,交通拥堵、环境、食品安全、二孩、教育与人才政策等问题在百度贴吧上的讨论也经久不衰。

如图 6.11 所示,2019 年,教育、就业、住房、学历、保障、文化、城乡、工资、劳动、在线问诊、租房、合同、医疗、保险、成人高考、智能养老、小微企业、特殊群体、社保、公积金、社区、安全、卫生、健康、污染、网络、老旧小区、新能源、高职是贴吧中讨论最多的词语。

图 6.11　百度贴吧 2019 年关键词词云图

2019 年,我国出台一系列教育政策,如《国务院办公厅关于开展城镇小区配套幼儿园治理工作的通知》《中国教育现代化 2035》《国务院办公厅关于新时代推进普通高中育人方式改革的指导意见》《关于减轻中小学教师负担进一步营造教育教学良好环境的若干意见》等,推动了教育话题讨论的新高,家长关心少年儿童教育问题,成年人关心学历教育、职业技术资格问题。2019 年初上调基本养老金水平,3 月降低社保缴费基数,年底实现医疗保险与生育保险的合并,带来了有关养老、保障、医疗保险等话题的深入讨论。2018 年政府工作报告强调培育住房租赁市场,《住房租赁条例》列入国务院 2019 年立法工作计划,使租房这个话题成为社会各界广泛讨论的问题。劳动及劳动合同的相关问题热度不断,仍然是就业方面最关注的问题。同时,越来越多的人通过在线问诊的方式,获得医疗方面的帮助。

三、调查数据及爬虫分析总结

本章首先基于中国社会状况综合调查 2006～2017 年共计 6 期的调查数据，对民生满意度、民生关切以及诉求进行分析；然后基于 Python 技术从百度贴吧 58 个城市吧中爬取 2013 年 7 月 1 日到 2020 年 7 月 1 日 7 年共计 245450 条有效民生贴，挖掘社会民众在线讨论民生现象，发布民生诉求的特征及演化规律。

调查结果显示，民众对民生问题较满意，受访居民户对未来的信心逐年增长。调查结果还显示，城乡居民在家庭生活方面的主要关切点仍集中在家庭收入和住房上；在社会问题方面的主要关切点是看病难、看病贵问题和收入差距过大、贫富分化严重问题；医保报销比例上升，医疗负担较重仍然是城乡居民的主要关切；就业形势总体向好，但劳动者权益保护需要进一步加强；城乡居民收入水平总体稳定，但家庭支出压力在增加，特别是在医疗、子女教育和住房（贷款月供、房租）等方面支出压力明显偏大；超过六成受访者对当地政府工作较满意，政府需进一步增强服务意识，及时回应百姓诉求和信息公开，提高工作透明度。

爬虫结果显示，2013～2020 年，社会民众在线讨论民生、发布民生诉求呈现出一定规律，就业、教育、住房、社会保障是老百姓最为关注，讨论热度最高的话题。在讨论的侧重点方面，随着当年新政策的出炉每年都发生变化，比如，教育话题，2015 年二孩政策的全面落地，使幼儿教育受到热切关注，当年幼儿园话题，幼儿教育、义务教育讨论得比较多。2019 年出台的教育政策更加偏向高中、职高教育，因而当年社会民众更多地讨论学历教育、高职教育等。住房方面也是一样，2013 年计划出台房产税办法，因而房价问题讨论很热烈，而在 2017～2019 年，房产政策倾向于建设健全保障房、公租房等，所以保障房、租房的讨论比较多。另外，社会热点事件也会带动贴吧上的广泛讨论，比如，2015 年各地精神病患者肇事伤人的悲剧引发对精神病患者的关注，2015 年全年雾霾横扫中国大部分城市引发人们对环境的重视。而新技术的发展也体现到我们的民生领域中，比如（养老模式）创新、线上问诊被网民关注。

第七章 社会福利制度对"普惠性、基础性、兜底性民生"建设的借鉴

"普惠性、基础性、兜底性民生"是中国特色的民生模式,是在马克思主义民生思想和新时代中国特色社会主义的指导下,吸纳全人类社会福利理论和实践的文明成果基础上的创新。因此,研究世界各国社会福利模式,比较其优劣,对中国"普惠性、基础性、兜底性民生"建设有很好的借鉴。

第一节 社会福利模式比较

回顾社会福利的发展史,我们可以发现人们对社会福利的认识和理解是随着社会经济的发展而发展的。最初的政府社会项目常常是直接针对社会问题(如贫困)而建立的,并不是为了促进社会福利的提升或人类自身的发展。后来随着社会的发展,人们的生活水平大大提高,国家提供的社会福利项目逐渐变成一种社会权利,社会福利本身也成为政策追求的目标,发达市场经济国家建立了不同的社会福利模式。

一、社会福利模式

(一)主要社会福利模式比较

世界各国社会福利模式各有特色。Esping-Andersen(2003)[1] 基于劳动力

---

[1] 哥斯塔·艾斯平-安德森,周晓亮. 转变中的福利国家[M]. 重庆:重庆出版社,2003.

非商品程度和福利受益人的地位分布范围将西方福利国家分为：第一，自由主义福利国家，其中居支配地位的是经济调查式的社会救助、少量的普救式转移支付或作用有限的社会保险计划。给付对象主要是低收入者、依靠国家救助的受保护者。国家运用消极的手段以保证最低限度的给付，而以积极的手段对私人部门福利计划予以补贴。这一模式的典型代表有英国、美国、加拿大和澳大利亚等。第二，保守/团体型福利国家，也称为欧洲大陆型福利国家。该制度类型的特点是社会权利的资格以工业业绩为计算基础，即以参与劳动市场的社会保险缴费记录为前提条件，带有保险的精算性质。人们的社会权利取决于每个人的工作和参保年限、过去的表现与现在的给付之间的关联程度。此类国家包括奥地利、法国、德国和意大利等。第三，社会民主型福利国家，在这些国家，社会民主制度是社会改革的主要推动力，目标是寻求能促进最高平等标准，而不是满足于最低需求上的平等。所有的阶层都被纳入一个普救式的保险体系中，所有的人都依赖于这一福利制度，属于这类的国家有瑞典、丹麦。

由于 Esping-Andersen 的福利国家体制是以资本主义经济、规范的劳动力市场、相对自主的政府以及体制完备的民主制度为前提的，而在一些发展中国家，规范的劳动力市场以及合法自主的国家机制不一定存在。在亚洲地区，文化和社会福利体制较西方都有明显的差别。首先，政府的社会福利支出相对较低，但国家干预的程度又远超人们想象。政府的主要作用在于制定政策，推行社会福利项目，而不是直接提供福利服务。其次，基于市民社会权利的国家福利思想基础较为薄弱，政府鼓励市民实现"自立"和"互助"，反对甚至污名化对国家的依赖，强调包括社区、企业和家庭等在内的非政府部门在福利提供和筹资上起主要作用。因此，如果从政府所起的作用看，除了社会保险外，东亚国家和地区的社会福利制度本质上是"补缺型"的，即家庭、非政府机构和社区承担着提供福利服务的主要责任，政府只承担为弱势群体提供福利服务的最后责任。最后，在社会福利的筹资方式上，倾向于采用社会保险的部分或全部供款原则。总体而言，亚洲的社会福利体制强调以经济生产而不是社会政策优先。

在这种文化与制度背景下，产生了个人储蓄型的福利模式，该模式通过立法强制个人储蓄，采取完全积累模式筹措社会保险基金，除公共福利和文化设施由政府提供资助外，福利费用由雇员与雇主承担，其给付水平取决于个人账户的积累，而不是社会福利计划的承诺。这一模式的主要代表国家是新加坡（见表7.1）。

第七章 社会福利制度对"普惠性、基础性、兜底性民生"建设的借鉴

表 7.1 主要社会福利模式特征

体制	自由主义	保守社团主义	社会民主主义	个人储蓄型模式
各种福利制度的作用				
家庭	边缘	核心	核心	核心
市场	核心	边缘	边缘	核心
国家	边缘	补充	核心	边缘
社会福利模式				
基本结构	社会救助为主,社会保险为辅,鼓励私人保险	社会保险为主,社会救助为辅	提供包括社会保险和社会津贴在内的全面、综合、慷慨的社会福利	完全积累模式筹措社会保险基金,除公共福利和文化设施由政府提供资助外,福利费用由雇员与雇主承担
主要福利提供者	市场	家庭	国家	家庭
主要福利机制	个人	亲属、社团	全民	亲属、家庭
去商品化程度	最低	高	最高	低
阶层化效果	强化	维持现状	弱化	强化
主要国家和地区	盎格鲁-撒克逊国家,如美国、澳大利亚、英国	欧洲大陆国家,如德国、法国、意大利等	北欧国家,如瑞典、丹麦等	亚洲国家,如新加坡等

资料来源：Esping-Andersen. 福利资本主义的三个世界[M]. 北京:法律出版社,2003.

（二）"混合福利"模式

迈克尔·罗金斯根据国家面临的两个问题：一是应当归国家所有或监管的经济是多少？二是有多少国家财富应当用于再分配以帮助社会上较贫穷的部分？将提高普遍福利的方法分为自由放任、政府统制、社会主义和福利国家（见图 7.1）。其中，社会主义体制既实行国家所有又实行广泛的社会福利。以苏联为例，政府拥有绝大部分生产资料，代表全社会来运营经济。目前我国以社会救助和社会保险为核心的社会保障制度存在覆盖面窄，内容不健全、贫富

和区域差距大（潘屹，2017）[①]，以及城乡分割、国家包办等缺陷。

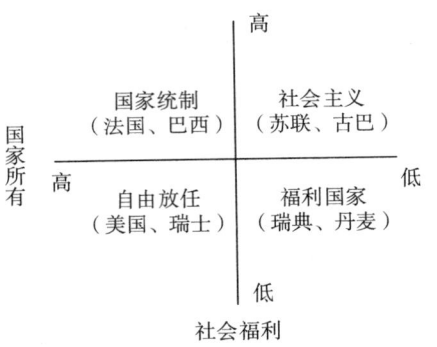

图 7.1　社会福利

进入 20 世纪 70 年代以后，随着资本主义基本矛盾的日趋激化，西欧许多国家普遍出现了经济停滞、失业人数增加、通货膨胀、物价上涨并存的局面。高福利、高税收所带来的弊病日益突出。在这种状况下，福利国家陷入了危机。西方各国开始紧缩福利，将公共服务的职能陆续民营化。

Esping-Andersen 认为，导致福利国家陷入危机的因素有"内生性问题"和"外生性问题"两种："内生性问题"主要指福利国家已有的制度安排与不断变迁的经济社会结构不适应而引发的危机；"外生性问题"主要指全球化深入和风险社会到来等外部力量引发的危机。在内外因共同作用下，福利国家陷入经济停滞和通货膨胀并存、"财政黑洞"难以填平、失业率居高不下的怪圈，具体表现在以下几个方面：一是政府开支巨大、负担沉重。各国社会支出增速普遍超过经济增速，通货膨胀问题的存在使社会支出进一步增加。二是企业生产成本上升、竞争力下降。高税收、高工资、高福利的"三高政策"推高了企业生产成本，在一定程度上削弱了企业的国际竞争力。三是个人依赖性增强、进取心下降。重权利、轻义务的价值取向和"去商品化"的制度安排养成了"依赖文化"，加重了"道德公害"。四是管理机构官僚化严重、效率不高。部门林立、管理僵化、浪费严重等官僚主义问题使福利国家的制度安排与公众需要出现脱节，政府"过度服务"和公众"需求不满"现象大量存在（孙涛，2014）[②]。

[①]　潘屹. 新时代中国社会福利制度的基本特征［J］. 中国民政，2017（23）：55.
[②]　孙涛. 福利国家发展的历史轨迹：历史与辩证的考量［J］. 国外理论动态，2014（1）：133-139.

第七章 社会福利制度对"普惠性、基础性、兜底性民生"建设的借鉴

Longo[①]等（2015）认为，"混合福利"是代表现代福利体系结构的最佳理论模型，包括对福利制度的监管、提供方式、融资、资源分配和激励有关变量的制度安排与治理。

于是，发达市场经济国家纷纷对社会福利体制进行改革。公共部门、私营企业、非营利性组织、社区与家庭共同构成了"混合福利"的多参与主体，这些参与者拥有不同的资源配置和职责（Chatterjee等，2013）[②]，在服务融资和提供方面保持高度互动（Powell, Barrientos, 2011）[③]。因此，社会福利的私有化、民营化、内部市场、准市场、企业社会责任、慈善志愿服务、第三部门、混合福利等成为时代性特征（周缘园，2013）[④]。社会福利融资方面，政府在社会福利体系建设中广泛吸取不同来源的资金，如经过布莱尔政府的改革，英国社会养老制度包括公共养老金、企业养老金和个人养老金，并且在其他领域也不同程度地引入公私伙伴关系计划（张伟兵，2007）[⑤]；日本政府在国民年金的基础上，设立了以企业在职人员为对象的厚生年金和以公务员为对象的共济年金制度，实行养老金多元化（李青，2019）[⑥]。提供方式涉及提供的内容，包括资金、物资、服务和机会，资金帮助贫困者解决基本生活需要满足，服务帮助贫困者提升自己的能力，机会帮助贫困者发展。综合的福利提供可以使救助对象的需要得到更全面的满足（彭华民，2015）[⑦]。融资指的是资金的来源，在"混合福利"模式下，多方主体如何合理地分配各自承担的责任的权重，并进行协调。如日本的老年人的医疗保障，由多方共同筹资，即中央政府（20%），地方政府（10%），雇员医疗保险，社会医疗保险共同承担，老年人的医疗保

---

① Longo F, Notarnicola E, Tasselli S. A framework to assess welfare mix and service provision models in health care and social welfare: case studies of two prominent Italian regions [J]. BMC Health Services Research, 2015, 15 (1).

② Chatterjee P, Miller D, Chatterjee MA. Visions of Health Policy: A Comparative Case Study of Seven Modern Countries [J]. Soc Dev Issues, 2013, 35 (3): 18-37.

③ Powell M, Barrientos A. An audit of the welfare modelling business [J]. Social Policy & Administration, 2011 (45-1): 69-84.

④ 周缘园."福利多元主义"的兴起——福利国家到福利社会的转变[J].理论界，2013（6）：59-62+105.

⑤ 张伟兵.发展型社会政策理论与实践——西方社会福利思想的重大转型及其对中国社会政策的启示[J].世界经济与政治论坛，2007（1）：88-95.

⑥ 李青.日本养老制度发展历程：从"国家福利"到"社会福利"[J].行政管理改革，2019（7）：93-99.

⑦ 彭华民.中国社会救助政策创新的制度分析：范式嵌入、理念转型与福利提供[J].学术月刊，2015，47（1）：93-100.

障在一定程度上实现了整合。监管乃是现代政府的一项核心职能与施政方法,社会福利制度的好坏,实行的到不到位都需要依托政府承担托底的职能(Campbell 等,2010)①。

二、社会福利发展趋势

(一) 由补缺型走向制度型

"补缺型"福利是指政府在"补"市场和家庭之"缺"时而提供的福利,这一类的福利覆盖率、社会福利支出较低,法定服务范围有限,在制度设计上极具选择性,主要面向弱势群体,强调采用资产调查的方式,福利标准很低,而且往往带有"施舍"或"慈善"性质的污名效应。"制度型"是以安全、平等和人道主义为基础,强调社会服务是社会正常的和第一线的功能,是个人、家庭和社会满足其社会需求的最重要的方式。传统福利社会以家庭和互助为主、慈善组织为辅、政府作用时有时无的福利提供方式。政府介入社会福利领域的标志是 1601 年英国伊丽莎白政府颁布的《济贫法》,在农业社会向工业社会过渡时期或工业社会初期,生产力水平得到较快发展,社会结构发生剧烈变动,特别是城乡人口大量流动,面临的社会风险也相应发生根本性变化,如贫困、失业和无家可归现象急剧增加,导致社会极度不稳定,社会冲突此起彼伏。显然,上一阶段的慈善互助机制无法满足因社会变迁带来的急剧增长的社会需求,这使政府不得不开始介入社会福利领域,以平息民愤,缓解矛盾(Orloff,Skocpol,1984)②。

随着工业生产逐渐取代农业生产,人民从依赖农业为生转变为以出售劳力、换取工资为生。而更为密集的聚居与依赖科技及资本的社会组织方式,使人类社会的风险增加,疾病、贫穷、失业、工伤渐增,并形成巨大的社会需求。而这种需求在有限的济贫措施和慈善活动的框架下往往得不到有效满足。这种未满足的社会需求又常转化为激烈的社会冲突,严重影响社会稳定,从而促使各国政府不得不重新构建福利干预机制,以适应新形势的发展。各国社会

---

① Campbell J C, Ikegami N, Gibson M J. Lessons from public long-term care insurance in Germany and Japan [J]. Health Affairs, 2010, 29 (1): 87-95.

② Orloff A S, Skocpol T. Why not equal protection? Explaining the politics of public social spending in Britain, 1900-1911, and the United States, 1880s-1920 [J]. American sociological review, 1984: 726-750.

第七章　社会福利制度对"普惠性、基础性、兜底性民生"建设的借鉴

福利制度渐渐成形,首先是社会保险,其次是社会保障,最后是综合性的社会福利方案。政府开始扮演福利规范与提供的主要角色,形成现代的福利国家。

从"二战"结束到20世纪70年代后期被普遍认为是社会福利的"黄金年代",欧洲国家普遍建立了"凯恩斯-贝弗里奇"或"凯恩斯-俾斯麦"式的"福利国家"制度——政府管理经济,促进完全就业,并组织社会来满足市场和家庭不能满足的需要。普遍主义成为这一时期西方福利国家的思想原则,并且创建了以北欧为代表的覆盖全体公民、综合各种福利项目的福利模式,同时西欧国家开创了如公民权、社会公正、社会进步的理念(潘屹,2011)[①]。原本为特殊群体(产业工人)和弱势群体而设计的福利计划开始变革,福利对象和福利内容逐渐放宽甚至达到广泛覆盖;与此同时,福利水平也从最低生存补助提升到符合合理的生活标准所需(房莉杰,2019)[②]。广泛而普遍的覆盖范围、高收入替代率、公民权利的范围以及社会服务的着重性成为福利国家的重要特征(Meagher,Szebehely,2018)[③]。

从福利社会的历史发展进程中可以发现,福利社会的发展经过了"补缺型–制度型"的发展路径,最终形成了具有全民普惠特征点的福利国家,可见普惠性是社会福利发展的必然成果。

(二)"补缺"仍是社会福利制度的重要功能

1. 注重对特殊群体的"补缺"

发达市场经济国家基本建立了基于普遍主义的社会福利制度,但仍旧特别关注对特殊群体的补缺。以瑞典为代表的北欧国家普遍注重对弱势群体提供特惠型福利。在特惠型社会福利政策中,政府将福利政策的目标定位于某类目标人群或某类社会风险方面,比如残疾、疾病、工伤、年老、怀孕、失业、贫穷等,其政策考虑的重点是部分公民的需要而不是普遍的公民权利,其目标在于政府保证个人的生活不低于最低标准(李爽等,2014)[④]。瑞典失业保障体系包括:政府部门主办的基本失业保险津贴和工会主办、国家给予财政支持的失业

[①] 潘屹. 普遍主义福利思想和福利模式的相互作用及演变——解析西方福利国家困境[J]. 社会科学,2011(12):79-89.

[②] 房莉杰. 平等与繁荣能否共存——从福利国家变迁看社会政策的工具性作用[J]. 社会学研究,2019,34(5):94-115+244.

[③] Meagher G, Szebehely M. The politics of profit in Swedish welfare services: Four decades of Social Democratic ambivalence [J]. Critical Social Policy, 2018, 39 (3): 455-476.

[④] 李爽,常兴华,李欧. 国外社会政策的经验[J]. 宏观经济管理,2014(3):88-89+92.

"普惠性、基础性、兜底性民生"建设研究

保险津贴,两种津贴的受益期均为300天,每周支付5天,但在年龄、条件、津贴水平上则各不相同。怀孕补贴:孕妇工作较重或工作对胎儿有危险,可向雇主申请调换岗位,雇主若不能为其调换,孕妇可获得150天的怀孕补贴;残疾补贴:年龄在19~65岁,需要他人护理且因残疾产生大量额外费用支出的残疾人,可根据残疾程度领取相应的残疾补贴;残疾护理补贴:申请标准为每周需要他人照顾20小时以上的残疾人,且年龄为19岁以上,65岁以下等(孙洁茹,2015)[①]。

2. 经济社会危机中的托底

福利国家的社会福利在经济危机中更起着社会托底的作用。20世纪30年代,西方国家陷入了严重的经济危机和社会危机,以自由放任理论为基础的自由竞争机制陷入了自相矛盾中。各国在束手无策的同时也对自由放任的理论产生了质疑,以主张加强国家干预经济、由政府调节生产、通过政府的各种积极政策来克服危机和消除失业的凯恩斯国家干预理论应运而生。随着凯恩斯主义的流行,国家经济职能的膨胀使政府财政收入得到激增,财政支出也朝着改善国民福利的方向演进。强调保障公民教育、卫生等权利的"福利国家"开始占据主流地位。在公共财政的支持下,政府公共服务的职能在此时达到了最大化[②]。从美国社会福利制度发展过程中可以发现,市场并不总是有效,关键时刻还需要政府承担兜底的责任。从福利国家的发展轨迹来看,人均GDP从1000~8000美元是福利国家建设的"黄金阶段",当人均GDP突破20000美元后,福利水平开始保持稳定并有所回落。

据曼彻斯特记述:"1932年这一年,美国65%的工业掌握在600家公司的手里;仅占全国人口1%的人拥有全国财富的59%。"对于这种收入上的不平等,胡佛总统在卸任多年后终于有所认识,他在其回忆录中写道:"这边为数不过几千人……却占有大部分的生产成果……那边是占20%左右的人口,却只分到那么一点点东西。""因此,完全有理由说,正是收入分配上的这种极端不合理,这种极端不公平,最终酿成了这场大危机,导致社会发展一下子倒退了十几年甚至几十年"。罗斯福认为,导致危机的主要原因就是长期以来的自由放任主义。他说:"使我们遭受打击的是10年的放荡无忌,10年的集团的利己

---

① 孙洁茹. 瑞典社会保障制度研究[D]. 辽宁大学, 2015.
② 万方. 西方政府公共服务职能变迁的理论考察:三个阶段的划分[J]. 湖南科技大学学报(社会科学版), 2012, 15(1): 99-102.

第七章　社会福利制度对"普惠性、基础性、兜底性民生"建设的借鉴

主义——所追求的唯一目标表现在这种思想上——'人不为己、天诛地灭'。其结果是,美国人都遭到天诛地灭。"在这种情况下,"看不见的手"显然已经无能为力了。罗斯福认为,自由得以继续存在的唯一确实的屏障,就是一个坚强得足以保卫人民利益的政府,以及坚强而又充分了解情况足以对政府保持至高无上统治的人民。①

1935 年美国政府颁布了《社会保障法》,目的在于解决因年老、失业以及因其他原因失去生活来源的人群的生活问题。罗斯福认为,"在现代文明社会中,政府对公民负有某些义不容辞的责任,其中包括保护家庭和家宅,建立一种机会均等的机制,以及对不幸的人提供援助"。所以,必须改变财富导致的"少数人对大多数人的就业和福利的控制越来越大"的不公正的情况,通过立法"创造更大的机会以抑制集中化的增长和毫无结果的积累,把政府的负担转移到能更好地承担这种负担的地方"。②

2020 年在新冠疫情冲击下,企业停工、商业停市、学校停课,极大影响了民众的收入。各国财政都使出了浑身解数,给公民发放补贴以保障基本生活。2020 年 3 月 16 日,意大利总理府通过了 250 亿欧元的"意大利援助法案"(Decreto Cura Italia)。法令内容包括:因疫情停工者可获 9 个星期补助金;暂停企业税收及减免房屋租金;给需要停工在家看护 12 岁以下儿童的父母发放补助;孩子在 12~16 岁的家长可获得无薪假期,单位不得进行解雇;给对于受到疫情影响严重的自由职业者,季节性临时工人,从事旅游业、文化娱乐场所等工作人员发放一次性津贴;未来两个月内,禁止企业以出现确诊病例等原因进行裁员等。德国政府通过最快的决策程序,推出达 6000 亿欧元的史上最大经济援助计划,并放弃已连续实现 6 年的联邦预算零赤字目标,提出举债 1563 亿欧元,用于追加预算。小微企业、个体经营户、自由职业者,包括音乐人、摄影师、理疗和护理人员等,这些没有其他收入来源、又不太可能得到贷款的企业和个体,政府将直接资助用于支付场租、贷款、月供以及其他支付义务。具体来说,5 人以下企业最高可以申领 9000 欧元资金,5 人以上 10 人以下企业可申领 15000 欧元。为避免企业大规模裁员、引发失业浪潮,企业短时工中,无子女员工的 60% 工资、有子女员工的 67% 工资将由联邦劳工局支付,企业还

---

① 周云红. 西方国家运用社会政策调整收入差距的考察及其启示——从库兹涅茨曲线谈起 [J]. 山东大学学报 (哲学社会科学版), 2012 (4): 27-32.
② 周云红. 美国、德国和瑞典的社会政策建设及启示 [D]. 山东大学, 2012.

可申请退回员工社会福利金。美国给低于 10 万美元年薪的补贴 1200 美元/月；免费为所有需要检测的人进行新冠病毒检测、为雇员提供疫情期间 80 小时的紧急带薪病假、最多三个月的带薪家庭与医疗假、为医疗补助计划提供更多资金、扩大失业保险、支持营养补充援助计划等。美国应对疫情的 20000 亿美元经济救助方案（CARES Act）中设有 2500 亿美元失业救济。将失业救济金领取覆盖扩大至包含合同工和临时工，失业救济领取时间从 28 周延长至 39 周，4 个月内每周失业救济额外增加 600 美元。澳大利亚政府将给全澳 600 万企业失业者每两周发放 1500 澳元补助；低于 1500 澳元/2 周的公民也可以获得补助。该补贴计划长达 6 个月。希腊 4 月初向所有因疫情停工而失业者、自营职业者发放 800 欧元/人，作为 3 月 15 日至 4 月 30 日期间的补偿金；政府代缴工人的所有社会保险、养老金和健康权利及其保险缴款。爱尔兰福利局为所有因疫情而失去收入的员工或自雇人士每人每周 350 欧元，共计发放 6 周的基本补助金；受疫情影响而在家办公的员工，可以要求减免照明、供暖和宽带的税收。同时雇主可以免税支付员工在家工作的费用。英国政府为因疫情无法工作的雇员支付 80% 的薪水，每月最高可达 2500 英镑，初步计划先支付 3 个月，视情况延长支付时间，政府为此项措施的拨款不设上限。西班牙 3 月 17 日宣布 2000 亿欧元援助计划缓解疫情影响，总金额占国内生产总值 20%。同时表示，即使工人没有缴纳足够的社会保障金，也将能够获得失业救济，公司也不必为暂时被裁员的员工缴税。加拿大宣布将拨款 820 亿加元（约占 GDP 的 3%）帮助民众一起战胜这场全球性的瘟疫。对于无工作、无带薪休假者，政府将发放 1800 加/元人·月（约合 9000 元人民币），本项补贴最多可持续领取 15 个星期。新加坡出台了隔离补助计划（收到居家隔离令的雇员将被视同带薪住院，雇主应当向雇员正常支付工资；规定雇员被隔离的雇主可以每天为每个受影响的雇员申请 100 新币的补助，个体户也可以申请）和缺席假补助计划（符合条件的雇主还将有资格在疫情期内对受影响的外国雇员免缴税费），以帮助企业减轻负担。

（三）社会福利制度的"效率"改革

基于公民权的制度型社会福利促进了社会的公平，但"从摇篮到坟墓"的福利也阻碍效率的提高；而且福利制度本身的运行也越来越缺乏效率。因此，20 世纪 70 年代以来，福利国家纷纷进行改革，提高社会福利制度的运行效率。

第七章　社会福利制度对"普惠性、基础性、兜底性民生"建设的借鉴

1. 由政府单一主体向多元主体参与转变

"混合福利模式"的实施，使"政府主导福利"的国家福利模式逐渐向"社会福利社会办"的模式转变，即福利提供不局限于政府一家，而应由多个部门（如志愿部门、私营部门和非正式部门）共同提供[1]。在德国、英国和荷兰，超过90%的公共养老服务被委托给私人机构（非营利性和营利性）提供商[2]。各国社会福利供给主体由政府单一主体向多元参与转变，在社会政策行动中引入一定的市场机制，包括：第一，在公共部门和福利性项目中引入市场竞争机制，打破福利性服务中的垄断，通过服务机构之间的横向竞争而提高机构和项目的运行效率和服务质量。第二，改变政府拨款方式，将面向机构的"按人头拨款"方式改为按服务项目的数量和质量来拨款，并进一步转向面向服务对象的"政府购买服务"方式。第三，增大受益者选择，扩大服务对象对服务机构的自由选择，通过服务对象"用脚投票"的效果来促进服务机构重视效率和质量。第四，加强对服务机构的业绩考核和评估，在业绩考核和评估中强化效率和质量的指标。

此外，非公共力量也会影响公共政策的制定与执行，联邦医疗保健计划是适应商业力量的公私联盟的象征[3]。在20世纪30年代，有组织的医生选择了一种特殊的经济模式来安排医疗保健市场。这种"保险公司模式"赋予保险公司融资的权力，经过几十年的发展，最终开始通过报销和成本控制程序来管理药品的交付。当医疗保险制度建立时，联邦政策制定者围绕保险公司模式的流程、系统和方法设计该计划。他们还任命保险公司作为服务提供商和联邦官员之间的中间人。了解"保险公司模式"是如何构建美国医疗保健经济的，可以阐明市场框架和政府政策之间的关系。在美国医学会比现在强大得多的时期，有组织的医生利用他们在国家许可委员会和医院中的支配地位，成为医疗市场的主要监管者[4]。澳大利亚和新西兰强大的工人运动，使他们获得了"其他方

---

[1] Theobald H. Combining Welfare Mix And New Public Management: The Case Of Long Term Care Insurance In Germany [J]. Int J Soc Work, 2012 (21): 61-74.

[2] Riedel M, Kraus M, Mayer S. Organization and supply of long-term care services for the elderly: A bird's-eye view of old and new EU member states [J]. Social Policy & Administration, 2016, 50 (7): 824-845.

[3] Hacker J S. Privatizing risk without privatizing the welfare state: The hidden politics of social policy retrenchment in the United States [J]. American Political Science Review, 2004, 98 (2): 243-260.

[4] Chapin C F. Business Interests and the Shape of the U.S. Welfare State: From the Insurance Company Model to Comprehensive Reform [J]. Studies in American Political Development, 2019, 33 (1): 4-16.

式的社会保护",即工人群体之间形成了一个高度监管的保护性和补偿性的政策体系,导致了强烈的平等主义社会结果。日本慷慨的企业福利弥补了较不全面的公共福利①。简而言之,有很多种福利国家"例外论",它们强烈依赖于非正式公共供给的各种"功能对等物",其目标大致相同,但使用的手段却大相径庭,包括补贴、技能投资、"商业"监管,或直接供应货物等②。

多参与主体一方面可以让更多的福利项目覆盖更大的范围,但是另一方面也会带来分散化和重复性的问题,因此需要在不同的制度体系之间的进入标准、享受标准、衡量标准以及财务标准等进行统一,并且相互开放。日本社会保障委员会下属的医疗分会和健康保险分会,以及厚生劳动省下属的一个机构,共同建立了质量安全、成本控制、价格标准等方面的国家标准体系,政府和民间组织对医疗服务的质量和医院的服务能力进行标准化的评估和认证等,这些机制在某种程度上实现了对医疗保障体系的整合与协调③。

政府主体实际上也是多层级的主体。社会福利决策不仅仅是在中央一级做出的,更是由地方一级的多个行动者施行的。国家结构有单一制与联邦制两种主要形式,联邦制国家,地方自主权更大,制定社会政策的空间更大。

2. "社会投资"政策

传统的社会政策主要是补偿性社会政策,其目的是为特殊群体提供基本生活保障,带有很强的社会救济的性质。随着全球化的不断发展,后工业化时期的政策目标是劳动力的"再商品化",使人们尽量回到劳动力市场,因此就业培训和服务的权重大大提高。与补偿性社会政策类似,促进人力资本形成的社会投资政策不仅通过社会转移来弥补收入和工作损失,而且还通过教育、培训和积极的劳动力市场政策来促进人力资本的形成,以便为个人参与劳动力市场做"准备"④。与此同时,有关劳工保护的政策对促进社会平等的研究也越来越受到关注。

社会投资型战略的核心是将社会支出从被动的收入保护转向对当前和未来

---

① Peng, I. A fresh look at the Japanese welfare state [J]. Social Policy & Administration, 2000, 34 (1): 87-114.

② Morel N, Touzet C, Zemmour M. Fiscal welfare in Europe: Why should we care and what do we know so far? [J]. Journal of European Social Policy, 2018, 28 (5): 549-560.

③ 丁元竹,丁潇潇. 国际视野中的基本公共服务提供模式 [J]. 公共管理与政策评论,2013,2 (1): 7-22.

④ Busemeyer M R, Garritzmann J L. Compensation or social investment? Revisiting the link between globalisation and popular demand for the welfare state [J]. Journal of social policy, 2019, 48 (3): 427-448.

第七章　社会福利制度对"普惠性、基础性、兜底性民生"建设的借鉴

劳动力的生产性投资上①。过去的福利国家模式旨在保护人们免于市场的伤害，而社会投资型国家的目标则是提高人们在市场中的生存能力。这导致社会政策的内容发生改变，将重点转向服务，尤其是提升或恢复人的能力的服务。积极劳动力市场政策，顾名思义就是采取积极的手段促进就业，与其相对的是被动劳动力市场政策（PLMPs），即人们离开劳动力市场之后的一切收入保障（即劳动力的"去商品化"手段）。波诺力②认为，在20世纪五六十年代，积极劳动力市场政策在更为强调充分就业的北欧国家就已经出现，然而它真正被福利国家整体重视，则是由于20世纪80年代的经济衰退。在欧美国家互相学习和国际组织大力倡导的过程中，90年代中期即被大部分欧美国家所采纳③。

3. 增加个人责任

福利国家的一个典型特征是通过税收的现收现付来支持社会保障的支出。但是在20世纪70年代面临世界性的石油危机与全球化时，财政来源的持续可供性受到了质疑，各国不得不重新审视福利国家的微观和宏观经济后果，包括政府在社会保障中的功能定位④。Goodman等对日本及亚洲其他新兴工业化国家和地区的福利体制进行了探讨。他们发现，这些国家和地区的政府的社会福利支出相对较低，基于市民社会权利的国家福利思想基础较为薄弱，政府鼓励市民实现"自立"和"互助"。政府的主要作用在于制定政策，推行社会福利项目，而不是直接提供福利服务，家庭成为承担社会福利服务的重要力量⑤。

自20世纪70年代福利国家改革以来，福利国家纷纷转变社会福利"守夜人"的角色⑥，将福利接受者的资格与参加就业联系起来，关键是福利接受者

---

① Hudson, J., S. Kühner. Towards Productive Welfare? A Comparative Analysis of 23 OECD Countries [J]. Journal of European Social Policy, 2009, 19 (1).

② Bonoli, G. The Political Economy of Active Labor-Market Policy [J]. Politics & Society, 2010, 38 (4).

③ Armingeon, Klaus. Active Labour Market Policy, International Organizations and Domestic Politics[J]. Journal of European Public Policy, 2007, 14 (6).

④ Seelkopf L, Starke P. Social Policy by Other Means: Theorizing Unconventional Forms of Welfare Production [J]. Journal of Comparative Policy Analysis: Research and Practice, 2019, 21 (3): 219-234.

⑤ Nakabayashi M. From family security to the welfare state: Path dependency of social security on the difference in legal origins [J]. Economic Modelling, 2019 (82): 280-293.

⑥ Genschel, P. Globalization, Tax Competition, and the Welfare State [J]. Politics & Society, 2002, 30 (2): 245-275.

的就业意愿、就业能力取代了现代福利的公民社会权利①，成为福利接受者获得福利的前提条件，将工作与福利、劳动市场与社会福利紧密结合起来，在福利国家中建立更加隐蔽和较高级的工作济贫，以美国为典型形成了一种新型福利体系。新的福利制度强调个人缴费责任，福利接受也与个人缴费贡献挂钩，以促进社会福利的"效率"。

第二节 社会福利制度对我国"普惠性、基础性、兜底性民生"的借鉴

"普惠性、基础性、兜底性民生"吸纳了世界闻名成果，既有中国古代的民本思想，也有西方的社会福利理论。因此，借鉴各国的社会福利制度的经验、吸取教训，对我国的民生建设具有重要意义。

一、建立"普惠性、基础性、兜底性民生"

趋同论（convergence theory）认为，随着工业经济的发展，社会经济与文化也会随之变迁，新的福利服务结构和供应出现，更全面的、反映普遍性原则的福利供给制度代替早期有限的社会福利成为必然②。国际上主要发达市场经济国家福利体制经历了由补缺型向制度型社会福利的转变，由全覆盖、高福利向削减福利开支的社会福利改革的转变。中国的民生建设在同一时期面临发达市场经济国家两个时期面对的问题。一方面，我国改革开放过程中效率优先兼顾公平的理念，使民生建设滞后于经济发展，低福利、窄覆盖、与就业挂钩的等级制且城乡分割的社会保障和社会救助体制，使我国民生的"普惠性"欠缺突出，我们需要弥补。另一方面，我国计划经济体制下形成的国家包办制、机

---

① Moeys H. Social Policy by Other Means from a Comparative Historical Perspective Continuity and Change in Nineteenth-Century Belgium (1800—1920) [J]. Journal of Comparative Policy Analysis：Research and Practice，2019，21（3）：235-250.

② Wilensky, H. L., Lebeaux, C. N. Industrial Society and SocialWelfare：The Impact of Industrialization on the Supply and Organization of Social Welfare Services in the United States (Ist ed.) [M]. New York：Free-Press，1965.

第七章 社会福利制度对"普惠性、基础性、兜底性民生"建设的借鉴

制不灵活、包袱重,也需要改革。

21世纪以来,在经济发展取得巨大成就后,政府着力民生建设,通过初次分配和再分配促进和维系社会公平,不断完善社会保障制度[①],汲取英国、德国等发达市场经济国家注重社会团结和全民普惠制度的经验,逐步确立普惠型社会保障体系[②]。但是总体而言,中国的民生建设依然存在着"覆盖面窄""碎片化"等状况。我国人均 GDP 已突破 6000 美元,处于工业化中期阶段,正是全面建设社会保障制度和初级福利社会的关键时期[③]。我国从 2003 年开始进入"社会政策时代",致力于保证全体国民分享经济发展成果。这个时期社会政策发展的主要特征是"建制度""广覆盖""适度普惠",主要解决的还是基本生存保障的问题。党的十八大提出"全覆盖、保基本、多层次、可持续"这一方针要求,以"增强公平性、适应流动性、保证可持续性"为重点,全面建成覆盖城乡居民的社会保障体系。结合福利国家发展历程和我国国情,我国民生体系建设应该保持福利增长与经济发展的动态平衡。

社会政策的目的一方面是纠正市场初次分配造成的不平等,另一方面是为市场经济的发展营造了一个稳定的社会环境,诸如教育、医疗以及就业培训等外部性强的公共服务[④]。补偿性政策,解决的是社会托底的问题。改革开放四十多年,我国经济在以上两个方面都存在欠缺。在初次分配方面,我国有较大的收入差距。2001~2013 年,银行业高层的薪水涨幅动辄达到 10 倍、20 倍。收入高如马蔚华,2001 年的年薪 25 万元,2009 年的时候 530.6 万元,涨了 20 倍。低一点的如华夏的吴建,年薪从 2002 年的 25 万元,到 2013 年的 260 万元,上涨也有 9.4 倍。相比之下,普通人的收入增速相形见绌。根据国家统计局公布的数据,2001 年城镇单位就业人员平均工资为 1.08 万元,2012 年上涨至 4.68 万元,期间仅增长了 3.4 倍[⑤]。初次分配决定了居民家庭的主要收入来源。李克强总理在 2020 年 5 月 28 日的"两会"记者会上说,"我们人均年收

[①] 范丛. 中国共产党社会保障理念的演进及思考[J]. 当代世界社会主义问题,2019(2):43-49.
[②] 华颖. 中国社会保障 70 年变迁的国际借鉴 [J]. 中国人民大学学报,2019,33(5):17-26.
[③] 孙涛. 福利国家发展的历史轨迹:历史与辩证的考量 [J]. 国外理论动态,2014(1):133-139.
[④] Walter S. Globalization and the demand-side of politics: How globalization shapes labor market risk perceptions and policy preferences [J]. Political Science Research and Methods,2017,5(1):55-80.
[⑤] 王砚丹. 银行高管薪酬 13 年最高涨 20 倍 远超社会平均水平[N]. 每日经济新闻,2014-07-04.

入是 3 万元人民币，但是有 6 亿人每个月的收入也就 1000 元"。①此外，我国的教育、医疗以及就业培训等外部性强的公共服务薄弱，投入不够，资源分配不公，导致贫富代际传承。我国还有约 8500 万残疾人；有严重精神病患 430 万人（2014 年）②；我们还有大量失业和不完全就业人口，2019 年底全国城镇登记失业率为 3.62%，2020 年 4 月全国城镇调查失业率为 6.0%。因此，我国应建立起基础性、兜底性社会政策。

社会政策一般被认为是"影响国民福利的国家行为"。除了宏观社会政策对社会福利的影响，用户选择福利机制的微观基础也是国际社会福利发展和研究的趋势之一。行为社会政策研究认为，在社会福利体系之内，人们无法逃避各种价值选择，社会保障、医疗照顾等在本质上都涉及社会关心和信念体系③。社会政策的制定如果不考虑受众心理的话，其最终效果是会大打折扣的，这点在早期福利污名化的研究中已得到证明。因此，我们在建立基础性、兜底性民生时，要坚持公平、尊重，减少社会歧视和社会排斥。

二、积极的人力资本政策

福利国家改革还有一个趋势是，由原来的注重保障与补贴的补偿性社会政策向教育和人力资源投资转变，转向"积极的"的人力资本社会政策④。以人力资本为目的的政策，目的是实现劳动力的"再商品化"，增强劳动者抵御风险的能力。传统的社会政策关注的是资源在横向（不同社会阶层）和纵向（不同生命阶段）上的再分配，而应对新形势的社会政策，则更关心如何帮助更多的人，使其通过有薪酬的工作自食其力，而不是由国家直接提供福利。在此背景下，旨在使劳动力重新回到市场的"积极劳动力市场政策"（ALMPs）和"社会投资型战略"（SI）得到越来越多福利国家的认可，并且先后成为欧盟国家社会政策整体转型的主要战略。人们普遍认为，对于人力资本的社会投资是

---

① 范荣. "有 6 亿人月收入仅 1000 元"，这组数据让我们清醒 [N]. 北京日报，2020-05-30.
② 我国现有严重精神病患者高达 430 万人 [N]. 人民网，2016-01-13.
③ 伍先斌. 基于文化视角的中国社会保障发展方向 [J]. 江西财经大学学报，2010(4)：44-48.
④ 詹花秀. 国际社会福利制度的变化趋势与中国福利制度模式选择——基于经济学视角的分析 [J]. 湖湘论坛，2017，30（4）：80-87.

第七章　社会福利制度对"普惠性、基础性、兜底性民生"建设的借鉴

贯穿于个人生命历程的、周期很长的服务①。因此，个人可能会选择一种积极主动的方式，通过进一步的培训或教育来提高和更新他们的技能，以防止提前失业②。农业政策也可以成为传统社会政策的替代品。在低收入和中等收入国家尤其如此，这些国家的大部分人口生活在农村地区，属于非正式劳动力市场，这使社会保险的覆盖面更难扩大。

党的十九大报告中提到要"在发展中保障和改善民生""就业是最大的民生"，必须将"促进就业"和"改善民生"结合起来。这就包括：第一，教育和培训。教育和培训是一个非常重要的政策领域③，通过让处于贫困状态的社会成员接受必要的知识和技术训练，改善知识存量和技术水平，提高社会生存能力和就业能力，进而达到增加收入、摆脱贫困的目的，实现"救助—教育—发展—脱贫"的目标④。第二，就业政策。依据现有的福利治理经验，就业是低收入人群摆脱贫困的最有效的途径之一。因此，在促进就业方面，各国政府通过努力培育有利于就业的环境（或通过直接创造就业职位，或通过鼓励市场增加就业）来刺激就业；同时，借助福利政策引导个人适应劳动力市场的弹性化趋势，要求个人履行一定的社会责任⑤。第三，劳工保护。党的十六大以来，党中央、国务院把劳动保障作为改善民生的重要着力点和构建和谐社会的一项重要社会事业。许多学者主张通过最低工资、更严格的劳动力市场监管、技能投资等方式，利用"预先分配"来对抗日益加剧的收入不平等⑥。

三、吸纳多元主体参与

福利国家的改革趋势之一是，福利供给向私有化、社会化、多元化转变，由政府包揽转向由市场、社会提供多元福利。我国的民生发展经历了由国家包

---

① Mansfield E D, Mutz D C. Support for free trade: Self-interest, sociotropic politics, and out-group anxiety [J]. International Organization, 2009, 63 (3): 425-457.

② Busemeyer M R, Garritzmann J L. Compensation or social investment? Revisiting the link between globalisation and popular demand for the welfare state [J]. Journal of social policy, 2019, 48 (3): 427-448.

③ Morel, N, Palier, B, Palme, J, Touzet, C, Zemmour, M. Fiscal welfare in Europe: Why should we care and what do we know so far? [J]. Journal of European Social Policy, 2018, 28 (5): 549-560.

④ 王桑成, 刘宝臣. 构建更加积极的教育救助：社会投资理论的启示 [J]. 社会保障研究, 2019 (1): 44-50.

⑤ 张彦琛. 当代资本主义的福利治理与多维贫困 [J]. 国外理论动态, 2018 (5): 67-76.

⑥ Morgan J, Kelly N J. Market inequality and redistribution in Latin America and the Caribbean [J]. The Journal of Politics, 2013, 75 (3): 672-685.

办到社会化、再到政府主办吸纳社会参与的发展,即将过去由政府包办的社会福利服务变为强调市场化,再到加强政府责任的过程。我国在经济快速增长的同时出现老龄化,随着人口老龄化,子女赡养负担也变得相当沉重[1]。突如其来的疫情及经济逆全球化,给我国经济发展带来挑战。我们既要应对经济下行的困难,又要建立"普惠性、基础性、兜底性民生"体系,因此民生建设就要特别注重效率。一要明晰政府职责,应该政府托底的不能缺位;同时提高政府投入的效率。二要吸纳各种投入主体参与,完善机制,提高民生项目的运营效率。三要在发挥地方优势的同时,保证全国基础性、兜底性民生的统一水平,以促进区域平衡。在脱贫攻坚战中,我们的举国体制、全社会动员起了很大作用,如何提高实效、防止扶贫力量抽离后的返贫成为重要问题。

四、关注民生社会心理

社会政策的目的一方面在于维护社会和谐稳定的运行,使人民过上更加幸福快乐的生活;另一方面,社会政策也起着文化与信仰引导的功能,其背后反映的是社会福利体系的思想价值观念。约翰·迪克逊在研究亚洲的社会福利时,认为中国福利体系的思想观念背景包括儒家的福利观念传统——强调依靠家庭而不是国家,无产阶级的工作伦理——平等主义和社会公正,勤奋、节约和简朴的美德,互助和集体精神、自立等[2]。新加坡的社会福利体系正是利用了华人儒家传统文化,将"家国同构"的儒家思想渗入福利制度建构中,有助于建立有凝聚力、有爱心、有人情味的温暖社会[3]。

朱海龙和周春发[4]在调查农民工群体的社会认同与排斥时发现,在被调查的农民工群体中,凡是自己亲身感受到国家农民工社会政策调整带给自己有实际好处的农民工,一方面更加认同政府,觉得政府就是人民的政府,在感受到政府农民工政策调整带来的好处的农民工里,86.6%的农民工认为现在的政府更为民着想,而且认为他们更有执行能力,其中尤其是中央人民政府在农民工

---

[1] Hsu M, Liao P J, Zhao M. Demographic change and long—term growth in China: Past developments and the future challenge of aging [J]. Review of Development Economics, 2018, 22 (3): 928-952.

[2] 毕天云. 社会福利的文化透视: 观点与简评 [J]. 社会学研究, 2004 (4): 50-63.

[3] 刘翠霄. 对独树一帜且难以复制的新加坡社会保障制度的几点思考 [J]. 温州大学学报 (社会科学版), 2018, 31 (4): 3-9.

[4] 朱海龙, 周春发. 社会排斥与社会认同——农民工社会政策调整的影响研究 [J]. 湖南师范大学社会科学学报, 2008, 37 (6): 24-27.

第七章　社会福利制度对"普惠性、基础性、兜底性民生"建设的借鉴

群体中地位有显著的提高，有72.4%的农民工都认定自己遭遇的社会排斥已经主要不是来自于政府了，而主要是来自于工作单位；占66.9%的农民工愿意更加强烈地配合政府实施一系列方针政策。如果他们在以后的工作中遭遇到不公平的待遇，他们将更加愿意通过沟通的方式向政府反映，而且相信政府能够为自己妥善解决。另一方面对社会的和谐感大为增强，在感受到政府农民工政策调整给自己带来好处的农民工里，69.6%的农民工相信明天的工作生活条件会更好，并有更加强烈地履行作为社会成员的义务的愿望，比如遵守交通规则、不乱扔垃圾、去银行的时候更愿意排队等候等等；如果社会需要，他们将更加为之付出必要的个人代价。由此可见，国家的社会福利政策经过居民个体认同之后，会产生更加强大的社会效果。此外，居民对社会福利体系的选择偏好也是居民主动参与国家民生建设的体现之一。国家依据居民的实际需求配置福利的供给，有利于社会福利体系更高效地运行。

第八章 "普惠性、基础性、兜底性民生"建设策略

"普惠性、基础性、兜底性民生"建设是一个长期的过程，需要多方合力持续推进。

第一节 "普惠性、基础性、兜底性民生"建设阶段

党的十九大提出我们的"总任务是实现社会主义现代化和中华民族伟大复兴，在全面建成小康社会的基础上，分两步走在本世纪中叶建成富强民主文明和谐美丽的社会主义现代化强国"。"到建党一百年时建成经济更加发展、民主更加健全、科教更加进步、文化更加繁荣、社会更加和谐、人民生活更加殷实的小康社会，然后再奋斗三十年，到新中国成立一百年时，基本实现现代化，把我国建成社会主义现代化国家。"从2020年到21世纪中叶可以分两个阶段。"第一个阶段，从二〇二〇年到二〇三五年，在全面建成小康社会的基础上，再奋斗十五年，基本实现社会主义现代化。"到那时，"人民生活更为宽裕，中等收入群体比例明显提高，城乡区域发展差距和居民生活水平差距显著缩小，基本公共服务均等化基本实现，全体人民共同富裕迈出坚实步伐"。"第二个阶段，从二〇三五年到本世纪中叶，在基本实现现代化的基础上，再奋斗十五年，把我国建成富强民主文明和谐美丽的社会主义现代化强国"。到那时，"全体人民共同富裕基本实现，我国人民将享有更加幸福安康的生活"。

因此，"普惠性、基础性、兜底性民生"建设也可以分成两个阶段。第一阶段，建立起"幼有所育、学有所教、劳有所得、病有所医、老有所养、住有所居、弱有所扶"的基本民生体系。第二阶段，持续改进，实现"幼有善育、

第八章　"普惠性、基础性、兜底性民生"建设策略

学有优教、劳有厚得、病有良医、老有颐养、住有宜居、弱有众扶",民生质量不断提升。

第二节　"普惠性、基础性、兜底性民生"建设策略

"普惠性、基础性、兜底性民生"建设需要从民生投入、建设内容优化、民生供给均等化等方面改进。民生建设需要发挥地方积极性，因地制宜创新。

一、加大民生投入

"幼有所育、学有所教、劳有所得、病有所医、老有所养、住有所居、弱有所扶"的"七有"民生体系建立，对应教育、医疗卫生、社保就业、保障性住房等基本公共服务的支出。

（一）增加财政投入

经济发展带来社会保障和社会福利支出增加，这是世界各国的基本趋势。欧洲一些福利国家的改革，减少政府支出，增加市场化，但社会保障和社会福利的总规模还是在扩大。而且，社会福利具有刚性增长的特征，在福利支出刚性增长和需求升级等因素的影响下，世界许多国家都在逐渐增加社会保障支出。

为实现我国民生目标，我国的民生投入还需要大幅度增加。我国人口老龄化趋势明显，社会保障支出将增加[1]；推进健康中国和教育现代化，我国的医疗卫生和教育支出也需要逐年增加。我国社会保障支出比重达到财政支出比重20%左右比较合适；教育支出占财政支出比重应该达到18%~20%；医疗卫生支出达到18%~10%[2]。我国保障性住房正处于发展阶段，支出比较大，2018

---

[1] 戚昌厚，孙玉栋.社会保障支出影响因素的实证研究——基于跨国数据的分析[J].社会保障研究，2020（4）：49-57.

[2] 朱青.关注民生：财政支出结构调整的方向与途径[J].财贸经济，2008（7）：24-28+128-129.

年住房保障支出占财政支出的3.08%。根据发达国家的经验，住房保障支出占财政支出比重约为1%~3%。2019年，我国教育支出占财政支出的14.62%；社会保障与就业支出占12.38%；医疗卫生支出占7.03%。如果加上地方政府的保障性住房支出，2019年民生项目的主要四项支出占财政支出不到38%。综合而言，未来5~10年，我国用于教育、医疗卫生、社保就业、保障性住房四项基本公共服务的支出占国家财政总支出的比重应提高到50%，占GDP的比重提高到14%左右。

（二）吸纳多元主体参与

计划经济体制下，我国社会福利和社会保障供给完全由政府或是单位集体垄断，采取的是国家或集体一体化供给模式。随着市场经济体制的建立，为了提高民生的供给效率，我国民生供给逐步实现了"提供"与"生产"相分离。一方面政府将更多的职能投入到福利的提供环节，如中央及各级政府将民生事业整体纳入财政预算体系之中，为民生事业的发展提供了必要的资金支持。各地方政府投资建立了大量民生机构与设施，为一些特困群体与贫困群体提供了基本的生活与服务保障。从中央到地方，在养老服务、残疾人与儿童保障、社区服务等方面陆续出台与实施了一系列政策与规则，为各项民生的发展创造良好的制度环境。另一方面在福利的生产环节，在民生社会化理念以及政府各项激励性政策的强力推动下，社会资源与民间力量广泛参与到民生的投资、管理、服务提供等各个领域。但是，要形成政府、社会组织、企业等主体共同参与的多元化民生供给格局，我国仍需要不断改革。

首先，政府做好引导作用。政府是民生建设的主导者，既提供财政支持，又是民生制度的供给者、发展规划者，还是民生项目的监督者。政府的责任包括制定法律制度、提供资本、确定服务内容、划定权责、设立标准、监督公共利益的实现等。吸纳多元主体参与民生建设，就要求政府治理理念进行改变，由"管控"向"治理"转变，由简单命令向指导合作转变。此外，政府要完善多元主体参与的各项制度如竞争制度、合同管理制度、信息披露制度[①]；还要在精细化管理上不断改进，如完善民生项目政府购买范围、购买方式、合同签订、监督、风险管控、评估优化等方面的制度。

---

① 苗红培. 多元主体合作供给：基本公共服务供给侧改革的路径［J］. 山东大学学报（哲学社会科学版），2019（4）：31-39.

第八章 "普惠性、基础性、兜底性民生"建设策略

其次，企业和社会组织规范参与。参与民生项目建设，有一些企业基于企业社会责任而为，比如精准扶贫中，我国大部分企业以企业自身优势参与扶贫，获得很好的社会效益。但对于参与政府购买服务的企业，还是以营利为目的。这些企业参与政府购买公共服务项目，打开了新的发展领域，赢得新的发展空间。然而，民生项目的公益性，要求企业的运营要适当调整，在经济效益与社会效益之间平衡，而且越实现社会效益，越可能获得经济效益。政府对企业运营要求越规范、越透明，越有利于企业成长发展。因此，企业的合作意识、服务意识都要随着公共服务的要求改进。对于社会组织而言，不少社会组织就是针对某项社会服务而产生的，在参与政府民生项目建设中，社会组织既要规范运作，做好服务，同时又要保持独立，发挥社会组织本身的优势。参与民生项目建设的企业和社会组织越多，形成良性竞争格局，越有利于规范。

最后，各种组织和公民参与监督。民生项目的受益者是各种组织及公民，他们不是被动的接受者，而是能动的建设者。民众参与其中，参与监督、评估；甚至参与民生项目的规划设计，促进民生项目的规范运作，保障民生项目的公共利益；各种基层组织和民众参与民生建设及管理，还有利于社会治理效率提高，体现民本理念。

二、优化民生内容

收入、社保、教育、医疗、住房是民众期待优化的民生主要内容。

（一）提高低收入群体收入

收入是解决民生问题的关键。收入分配问题复杂庞大，对于提升整个社会的民生质量来说，提高低收入群体的收入是我国收入分配改革的主要任务。我国最低20%就业群体收入占总收入份额太低，这也是导致我国最低20%居民收入占比过低的主要原因。因此，一方面需要继续加大对弱势群体就业的帮扶，提高弱势群体就业率；同时加大职业培训力度，尤其向中小企业倾斜，向民营企业倾斜，向农民工倾斜，提高低收入群体的劳动技能，提高竞争力。另一方面需要规范劳动关系管理，提高劳动合同签订比例，提高"五险一金"对低收入就业者的覆盖；地方政府科学合理制定最低工资标准；在灵活就业人员越来越多的情况下，完善这些人员的劳动权益保护制度。

初次分配是决定收入结构的主要环节，因此"劳有所得"方面最关键的改

革是要建立企业层面的劳资集体协商机制。没有有效的集体协商，企业微观层面的劳动关系协调机制缺失，调控劳动关系就只能依赖于政府。一方面，制定保护劳动者个体权益的法律，如《中华人民共和国劳动合同法》《中华人民共和国社会保险法》等；另一方面，政府加大劳动监察和执法。政府公权力介入，对规范我国劳动关系、提高劳动者权益保护水平起了很大作用。但是依赖政府的劳动关系协调机制必定产生几个问题：第一，执法弹性大。守法企业成本高；不守法企业监管不到位；地方政府对此不告不理，但员工提出诉讼、企业输的可能性很大。即我国设定的个别劳动权益保护标准，企业存在较大范围的违法。第二，劳动关系协调缺乏柔性。中国企业千差万别，本应该根据企业实际情况进行劳资协商，在法律标准基础上构建企业内的劳资利益分配和工作场所规则。但我国的劳资协商机制不能有效运行，仅仅依靠法律和政府的调控往往是刚性的、一刀切的，既不能满足不同企业的需求，更不能适应不同复杂情景（如危机）的变化。于是，劳动关系协调走入了一个死循环：劳资冲突越多，越提高法律标准、加大政府监控；企业就越想尽办法规避劳动用工风险；劳资矛盾就越多。我国劳动关系协调机制不能有效运行，关键在于企业工会不能真正代表职工的利益，导致工资集体协商流于形式，集体劳动关系不能有效建立；进而导致劳动关系协调依赖政府和法律。通俗地说，就是企业层面，劳资之间自己不能协商解决自己的事情，政府不得不对微观层面进行事无巨细的干预；也致使企业初次分配机制不能有效运转。

（二）提高社会保障覆盖率和保障水平

我国城乡居民养老保险制度的参保人数2019年达到9.68亿，参保率达到96.6%。我国建立了全世界最大的单体养老金制度。在全球普遍采用非缴费型制度覆盖低收入群体的背景下，我国将非缴费型津贴与个人账户相结合，用以解决非受雇劳动者老年收入问题。这已经是创举，基本实现了人人有养老金。未来几年，将继续扩大参保率，实现应保尽保。此外，城乡分割的社会保障体系使数千万农民工尚未参加职工养老保险、医疗保险，而是参加农村居民养老和医疗保险；只有50%左右的城镇登记失业人员发放了不同期限的失业保险金，大量农村隐形失业者没有失业保险和失业救济。这需要推进社会保障制度的统筹和并轨等项改革。

在养老保障水平上，我国还有较大的提升空间。尤其城乡居民的养老金水平过低。2018年城乡居民养老金平均1828元/年，城乡居民养老金的全国平均

第八章 "普惠性、基础性、兜底性民生"建设策略

替代率（劳动者退休时的养老金领取水平与退休前工资收入水平之间的比率）为12.5%。城镇职工养老保险金的替代率是城乡居民的20.7倍，差距巨大。养老金水平用基本养老保险金平均水平/人均消费支出来表示。2018年城乡居民养老金水平（1828/19853）为0.092。以陕西榆林市为例，其养老金购买力即基础养老金与四项基本生活支出（食品烟酒、衣着、生活用品及服务、交通通信等支出）的比例2018年只有24.1%[①]。可见城乡居民养老金基本不能维持其老年生活，主要依靠家庭养老。我国2019年60周岁及以上人口25388万人，占总人口的18.1%，其中65周岁及以上人口17603万人，占总人口的12.6%。我国既要扩大覆盖面，又要逐步提高养老金水平，迎接老龄化高峰。

我国每年因病致贫、返贫贫困户仍占建档立卡贫困户的40%以上；贫困人口中甚至出现"疾病→贫困加剧→疾病恶化→深度贫困"的恶性循环。因此，我国需要完善新农合基本医疗保障、大病保障、大病补充保险、医疗救助、疾病应急救助、商业保险及政府兜底等医疗保障制度，如取消或降低建档立卡贫困人口住院起付线，提高住院报销比例和封顶线，取消大病保障病种限制，提高大病保险最高支付限额，设立因病致贫返贫专项救助基金，用于补助因病陷入深度贫困的建档立卡贫困人口支付的前期治疗费用并支付后续治疗费用[②]。

（三）优化教育医疗等公共服务资源

我国自2012年财政性教育经费支出占GDP比例首次超过4%并且连续7年保持在4%以上，而且向农村地区倾斜。农村教育的普及带动中国教育总体发展水平跃居世界中上行列[③]。要实现"幼有所育""学有所教"，我国需要继续巩固好义务教育，持续改善农村义务教育学校办学条件，抓好控辍保学长效机制设计；扩大教育普及，增加学前教育和高中阶段教育，重点建设好村级幼儿园和县级以下普通高中、中等职业学校，职业学校招生增量要更多向农村学生、农民工和新型职业农民倾斜，探索免费的职业教育；大幅度提高乡村教师待遇[④]。在城镇，推进学前教育普及普惠安全优质发展；健全学区制，优质均衡发展义务教育；吸纳进城农民工子女入学。

---

① 鲁全.居民养老保险：参保主体、筹资与待遇水平[J].社会保障评论，2020，4(1)：19-34.
② 李瑞华."贫困—疾病"恶性循环防治机制研究[J].中国卫生经济，2020，39(6)：27-29.
③ 中共教育部党组.发展具有中国特色世界水平的现代教育——党的十八大以来教育改革发展的成就和经验[J].求是，2017(16).
④ 佘宇，单大圣.农村教育体制改革70年发展与前瞻[J].行政管理改革，2019(6)：4-12.

"看病难"一直是我国政府民生清单的主要内容。我国人均医疗资源不足;医疗资源集中在城镇的公立医院;分级诊疗没有有效运行,是"看病难"的主要原因。由于环境污染、转型压力等复杂原因,心脑血管等慢性病、车祸工伤事故及各种癌症,成为近年来基层老百姓遭遇意外困境及常态病患症状[①];疾病增加,加上老龄化,医疗服务需求大于供给,医护人员的增加赶不上需求的增长;医疗社会保障的巨大差异使过度医疗和缺医少药同时并存。因此,实现"健康中国"战略目标,我国需要加大医疗投入,优化医疗资源配置,以农村和基层为重点推动健康领域基本公共服务均等化,政府投资优先向广大农村、西部落后地区、贫困人口和社会弱势群体倾斜。

此外,我国需要在养老服务等方面快速提升,增加每千人拥有社会服务床位数、千人社会工作者人数、社区服务设施覆盖率。"住有所居"的普惠性也需要提升,针对困难群体的保障房、公租房的供给远远满足不了需求;户籍制度仍旧是阻碍住房普惠和均等的一大障碍,尤其在一线城市,这需要"啃硬骨头"的改革。

三、均衡民生供给

我国的城乡分割二元经济发展模式,致使公共服务在城乡之间存在很大差距;出现多种所有制结构、多种就业形式,各种体制和就业形式的劳动者获得的社会保障和社会服务也不同,形成民生领域各种利益的不均衡。因此要在发展中逐步缩小,逐步实现公共服务均等化。首先,要逐步降低我国基尼系数。2019年上海市民的平均收入约是甘肃农民的7.7倍,相当于美国人与中国人的收入差距。我国要通过收入分配的初次分配和再分配,将基尼系数降低至0.4以下,并逐步向发达国家的0.3以下的水平靠拢。其次,改善民生"幼有所育、学有所教、劳有所得、病有所医、老有所养、住有所居、弱有所扶"七个方面的均衡性。解决城乡分割、职业分割的社会保障体系,有步骤地实现城乡养老保险、医疗保险并网,逐步延伸到其他保险项目;实现政府公务员、事业单位人员与企业职工社会保障的并轨。促进城乡公共服务均等化发展。解决农村看病难的医疗问题。我国农村村卫生院和村医持续减少,村医90万人[②],而

---

① 李宝元,巩琳. 中国医疗民生现实困境及未来走向[J]. 财经问题研究,2020(2):3-11.
② 羽兮. 村卫生室数量大调整 村医面临抉择[J/OL]. 中国网医疗频道,2019-05-24.

第八章 "普惠性、基础性、兜底性民生"建设策略

且年龄老化,新人不愿意加入。相对于农村现有人口而言,看病难并没有解决。"城镇学校人满为患,农村学校门可罗雀"的义务教育不均衡问题严重,需要农村基础教育改革,实施义务教育薄弱环节改善与能力提升项目;关心和支持特殊教育,全面实施高中阶段教育普及攻坚计划;加快建成覆盖城乡、布局合理的学前教育体系和科学保教体系。农村养老社会服务短缺,到2030年我国农村65岁以上老龄人口将增加到1.55亿人,而我国农村特困人员供养机构只有1.8万家,床位187.8万张。我国在发扬家庭养老传统的同时,要大力发展农村养老服务,增加设施和人员。

四、创新民生建设

改革开放充分发挥了地方自主性,地方竞争也是中国经济飞速发展的动力。但"唯GDP"的竞争有损地方民生建设。学者利用1998~2006年省级面板数据分析发现,我国社会保障支出水平呈现出明显的区域"逐底竞争"特征,没有很好地满足居民规避生活风险的需要[1]。大力开展民生建设以来,地方政府的积极性被激发。由于我国地区经济发展不均衡,且人口特征较为复杂,在制定社会政策的过程中,一项国家级的社会政策的建立往往起源于地方政策创新,并经历中央政府参与建制以及全国推广等不同阶段[2]。我国国内各个省市一直以来都在保障和改善民生方面根据地方特色进行不断的探索和改进,形成了一批值得推广的创新模式。

(一)鼓励地方创新

公共服务精准化在本质上是公共服务供给从"大水漫灌"向"精准滴灌"的模式转变,即从传统的以政府为中心的包办式、粗放型模式,转向以公众为中心的精细化、集约型模式。深圳南山区在社区治理中,推出"民生微实事"项目,承接小而微、小而急的民生服务,满足社区居民多元化和个性化的公共服务诉求,利用入户探访、发放问卷、居民提案等途径征集服务需求的基础上,通过"两委"班子会讨论和党群联席会进行表决,将结果报送街道办事处

---

[1] 彭宅文. 分权、地方政府竞争与中国社会保障制度改革[J]. 公共行政评论, 2011(1): 174-177.
[2] Liu W, Li W. Divergence and convergence in the diffusion of performance management in China [J]. Public Performance & Management Review, 2016, 39 (3): 630-654.

进行备案,形成社区公共服务供给的"内容清单"和"实施计划"。这就是典型的"精准滴灌"民生服务创新。该项目实施后,居民满意度提高。深圳市2015年发布《深圳市人民政府办公厅关于印发全面推广实施民生微实事指导意见的通知》,推广"民生微实事"项目;此后还向广东省和全国推广。实际上,全国的民生创新案例都呈现同样的特征(见表8.1)。

表 8.1 2019 年全国"创新社会服务典型案例"

地区	案例名称
浙江省杭州市	建设城市大脑的创新实践
陕西省延安市宝塔区	"宝您满意"智慧民生系列数字应用平台
山东省济南市	撬动医保杠杆 纾解群众看病难看病贵
广东省珠海市香洲区	实施基层权责改革 推动治理重心下移
内蒙古呼和浩特市	全面推进城市精细化管理
陕西省商洛市镇安县	平安建设助力精准扶贫的镇安实践
四川省成都市郫都区	网格化服务管理的实践探索

促进地方政府民生建设和服务创新,需要从绩效考核机制入手,激励地方创新。此外,创新既可能成功也可能失败并带来风险。因此,上级政府应该创造创新环境,既给创新者以政策指导,划定边界;又容许在制度框架下的"试错"行为。

(二)总结创新经验并推广

对创新最好的支持和鼓励就是提炼创新成果并推广应用。我国民生建设变革缘起于地方的自发试验,中央政府指导下的地方试点则是探索改革模式的重要方式,创新—试点—推广,在这个循环中不断完善。

后　记

笔者2016年承担了湖南省社会科学重大招标课题"湖南省补齐民生短板、促进社会公平的思路与对策研究",由劳动关系、收入分配的研究拓宽至其他民生领域。这是一个很大的挑战,但深入基层调研之后,深感民生研究责任重大。在该课题的研究报告被批示采纳后,给笔者带来了极大的鼓励和鞭策,之后笔者承担了"着力加强保障和改善民生工作的研究""普惠性、基础性、兜底性民生建设"等项目的研究。本书是在以上项目的基础上,对"普惠性、基础性、兜底性民生"建设研究的初步探索。

在课题研究中,湖南大学黄大熹教授给予了无私的帮助;博士生杨玉芳、覃亚洲、王一鸣做了大量工作,对本书也有贡献;硕士生施红茹、刘晶晶、王昕、高竹青、梁婉莹、丁琼、刘露做了大量基础工作。对他们一并感谢!书中引用了许多前人的研究成果,基本都遵循学术规范引注,对这些学者表示感谢!

民生研究庞大、深邃,由于笔者知识局限,纰漏难免,敬请读者批评指正!

谢玉华　谢华青　梁盛

2020年8月30日